ENGAGE
FOR BUSINESS

COMO SUPERCONECTORES ACELERAM NEGÓCIOS
POR MEIO DE REDES COLABORATIVAS

Copyright© 2019 by Literare Books International.
Todos os direitos desta edição são reservados à Literare Books International.

Presidente:
Mauricio Sita

Capa:
Lucas Chagas

Diagramação:
Paulo Gallian

Revisão:
Ana Carolina Martins e Camila Oliveira

Diretora de Projetos:
Gleide Santos

Diretora de Operações:
Alessandra Ksenhuck

Diretora Executiva:
Julyana Rosa

Relacionamento com o cliente:
Claudia Pires

Impressão:
Impressul

Dados Internacionais de Catalogação na Publicação (CIP)
(eDOC BRASIL, Belo Horizonte/MG)

E57   Engage for business / Coordenação editorial Raphael Saddy. – São
       Paulo, SP: Literare Books International, 2019.
       16 x 23 cm

       ISBN 978-85-9455-185-6

       1. Administração de empresas. 2. Planejamento empresarial.
I.Saddy, Raphael. II. Título.

                       CDD 658.4012

Elaborado por Maurício Amormino Júnior – CRB6/2422

Literare Books International Ltda
Rua Antônio Augusto Covello, 472 – Vila Mariana – São Paulo, SP.
CEP 01550-060
Fone/fax: (0**11) 2659-0968
site: www.literarebooks.com.br
e-mail: contato@literarebooks.com.br

Prefácio

Redes colaborativas geram mais valor

Você já pensou o que seria do mundo se não fossem as interações entre as pessoas, povos que se reúnem com os mesmos objetivos e interesses?

Como pessoas com os mesmos pensamentos, as mesmas ideias e perspectivas iriam se conhecer mesmo estando do outro lado do continente se não fosse por meio das redes colaborativas?

Criar vínculo é fundamental. Criamos vínculos desde os primórdios e continuamos com essa necessidade até hoje!

Queremos pertencer a grupos com os quais nos identificamos e ter associação com pessoas cuja visão de mundo são semelhantes à nossa. Por isso, cada vez mais temos visto o crescimento das famosas "comunidades", grupos que nos afirmem como indivíduos e que buscam criar um ambiente de ajuda mútua entre seus membros.

As redes colaborativas possibilitam trocas de informações, conhecimentos e experiências. Dessa forma, é preciso ter algo a oferecer a esse relacionamento social.

A todo instante estamos praticando pequenas ações que nos aproximam de inúmeras pessoas, que sequer conhecíamos. Planejamos viagens, cursos e trabalho entre outras mil tarefas porque temos contatos, ligações e vínculos. E isso tem relação direta com os aspectos de nossas vidas e não somente na área social.

Segundo a teoria dos seis graus, estamos a seis pessoas de distância de qualquer possibilidade no mundo. Logo, por que não cultivar de maneira proativa uma rede de colaboração, na qual eu ofereça conhecimento, informações e experiências e vice-versa?

Nesta grande obra, você encontrará diversos casos de sucesso e fatos interessantes sobre como as redes de colaboração influenciam no aumento de valor de uma comunidade.

Para finalizar, é importante frisar que no universo corporativo e dos negócios, trabalhar em grupos e comunidades é a maneira mais eficiente para o crescimento profissional. Aproveite sem moderação e busque parceiros que tenham a mesma visão que você.

Pensando com empatia, certamente você saberá como criar negócios, fortalecer amizades e cultivar boas relações colaborativas.

E lembre-se: *Você é a média das cinco pessoas com quem mais convive* - Jim Rohn. Dessa forma, busque pertencer a grupos que gerem valor e o ajudem a alavancar sua carreira ou negócios. Boa leitura!

Marcelo Simonato
Escritor, palestrante e mentor de carreiras em todo o Brasil.

Sumário

A importância das redes colaborativas como modelo de negócios do futuro
Raphael Saddy...7

Processo colaborativo na implantação de sistema integrado de gestão empresarial
Alexandre Gomiero...17

A colaboração em projetos corporativos com resultados extraordinários
Alexandre José Acaui de Carvalho..25

A força invisível
Carlos Esau...33

Como a diversidade e a inclusão são *drives* para a colaboração e o engajamento
Cristina Kerr...41

Superconexão com um propósito de vida
Daniel Asakura...49

A potencialidade do *networking*
Emiliano Barelli..57

O desafio da conectividade cultural
Erik Frank Linzmaier Nogueira Lima..65

Como a colaboração e as conexões emocionais ajudaram a turbinar a minha carreira
Fabio Luiz C. Lima...73

Proveito tirado de uma tragédia
Fátima Cristo..81

Como alcançar nossos objetivos profissionais por meio dos aspectos emocionais
Hércules Vieira 89

O sucesso não é solitário, é a conexão entre mentes e mãos
Jefferson Frauches Viana.. 97

Como a colaboração faz a diferença
João Teixeira... 105

O valor da comunicação nas redes colaborativas
Juliana Algodoal 113

Chegue aonde quiser com apenas seis contatos
Marcelo Simonato... 121

Colaboração é naturalmente a melhor maneira de ascender profissionalmente e evoluir pessoalmente!
Marcos Fernandes das Neves.. 129

Sonho + colaboração = sucesso
Mário Kaschel Simões...137

Errando, aprendendo e tropicalizando
Matheus de Paiva Torres.. 145

WorldSkills São Paulo 2015: exemplo de colaboração e multiculturalismo internacional
Paulo Pandjiarjian.. 153

Revendo minhas crenças
Pedro Cortonesi 161

A volta ao mercado após anos no mesmo trabalho
Rafael Belardo Filho.. 169

ENGAGE for Business

Capítulo 01

A importância das redes colaborativas como modelo de negócios do futuro

Redes colaborativas permitem a superação de interesses próprios, de relações de dependência e da tradição hierárquica que ainda marcam nossas relações. Elas permitem que as informações possam ser compartilhadas por e entre todos, sem canais reservados e, além disso, favorecem a formação de uma cultura de colaboração que promove a conexão entre os membros, gerando mais valor a todos os envolvidos

Raphael Saddy

ENGAGE for Business

Raphael Saddy

Raphael Saddy é fundador e CEO da ENGAGE for Business, uma plataforma digital de conexão de negócios focada em B2B (Business to Business) que reúne as melhores características dos "Marketplaces" (negócios) e das "Social Networks" (conexões entre pessoas).
Além disso, é desenvolvedor de novos negócios, investidor-anjo, mentor de *startups*, palestrante e profissional especializado em finanças com mais de 20 anos de experiência. Possui passagens por multinacionais como General Electric, Shell, Nokia e Audi. É formado em Engenharia Mecânica por duas universidades, no Brasil (UFF) e Alemanha (Uni Stuttgart). Possui MBA em Finanças pelo Ibmec-RJ, é especialista em Estratégias Avançadas de Avaliação de Negócios (Valuation) por Opções Reais pela PUC-Rio e em Fusões e Aquisições pela Insper-SP. Especializou-se em Plataformas Digitais pelo MIT - Massachusetts Institute of Technology, onde o modelo de negócios da ENGAGE for Business tirou a nota máxima em todos os quesitos de avaliação.

Contatos
www.engageforbusiness.com.br
raphael.saddy@engageforbusiness.com.br
LinkedIn: Raphael Saddy
(11) 97332-2083

Raphael Saddy

Há sempre um outro jeito de pensar a vida, o homem, o universo. Neste capítulo, começo fazendo uma provocação baseando-me em uma das aulas do Prof. Clóvis de Barros Filho (1), onde ele tenta responder a uma das mais importantes perguntas em nossas vidas:

"O que a vida tem que ter para valer a pena?"

A resposta pode ser impactante e, quando anunciada com clareza, certamente produzirá extraordinário impacto nos espíritos de quem estiver lendo.

A vida que de fato vale a pena é a vida assumidamente dedicada ao outro.

E isso é absolutamente incrível, sobretudo para nós, acostumados a ouvir que o sucesso da nossa vida tem a ver com o nosso próprio ganho, com a nossa própria riqueza, com o nosso próprio conforto, com o nosso próprio poder.

O que escrevo aqui, e o que ele comentou em sua aula é, mais ou menos, o contrário.

Na vida, aquilo que fará de você um vivente feliz é a entrega. É proporcionar. É alavancar.

É permitir que o outro viva melhor do que viveria, se você não existisse.

É permitir que o outro sorria o sorriso que, se você não fosse, ele não sorriria.

É permitir que o outro sinta a alegria que se você não estivesse, ele não sentiria.

E aí sim, você terá vivido vida boa. Vida que valeu a pena.

Bem, os exemplos podem ir ao infinito...

Mas basta que eu mencione um: que o seu filho fique doente, para que você queira trocar de lugar com ele e gaste, em um único cheque, tudo o que tinha guardado.

E aí você descobre rápido o que é que vale mesmo na hora de viver.

Então, eu aprendi que havia alguma coisa que valia mais do que continuar vivo. Eu aprendi a maior lição de todas. A maior lição. O que mais vale na vida.

ENGAGE for Business

Eu aprendi que o amor vale mais do que a própria vida!

E você poderia imaginar que, no trabalho, nos negócios e em eventos profissionais só há competição à flor da pele, pessoas com sangue nos olhos e faca nos dentes. O que aqui comento não encontraria lugar ali...

Eu tendo a discordar.

Quando o médico volta para casa de madrugada e é novamente chamado por conta de um novo problema, não é só por causa disso que ele volta a trabalhar.

Nem ele, nem o empresário, o executivo, o dentista, o advogado, o psicólogo, nem ninguém...

Ele volta, pois consegue enxergar, na alegria do outro, o resultado das suas ações, do seu investimento, da sua dedicação e do seu empenho.

Portanto, você acaba entendendo que só isso dará a você a dimensão do sentido do seu trabalho.

O sorriso do outro, de muitos outros, mas muitos outros. Famílias inteiras. Enorme quantidade de gente que sorri um pouco mais por se sentir mais seguro.

Aí está o sentido do seu trabalho.

O resto é tabela, números, gráficos... de frieza impiedosa e que pouco ou nada justificariam o seu empenho extra, a sua dedicação extra.

Por que é exatamente olhando no olho daqueles que confiam em você, que você se sente importante, e não contribuindo com números frios e porcentagens que, nelas mesmas, nada querem dizer.

Essa é a reflexão que faço aqui ao iniciar meu capítulo.

Uma ideia com base em redes distribuídas com interação, conexão e colaboração

Segundo o especialista em redes Augusto de Franco (2), ninguém pode entender o que é uma rede se não entender a diferença entre descentralização e distribuição.

Ainda segundo ele, o melhor caminho para entender tal diferença é ler o conhecido artigo *"On distributed communications"*, de Paul Baran (3).

Nesse trabalho, sugere-se que as redes variam, basicamente, entre 3 tipos, conforme demonstrado - de forma simplificada - pela figura a seguir.

Raphael Saddy

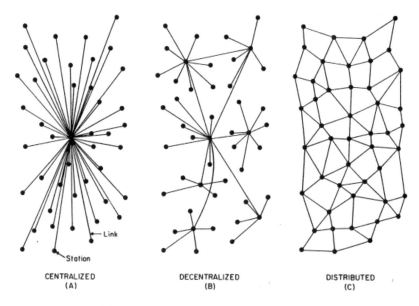

FIG. I — Centralized, Decentralized and Distributed Networks
Diagramas de Paul Baran, publicados no texto BARAN, Paul (1964): *On distributed communications*. **Diagrama C não demonstra todas as conexões por razões de clareza de visualização.**

Os diagramas de Baran são autoexplicativos. Mas as consequências que podemos deles tirar não são.

O primeiro corolário relevante é que a conectividade acompanha a distribuição. Inversamente, quanto mais centralizada for uma rede, menos conectividade ela possui.

O segundo corolário relevante é que a interatividade acompanha a conectividade e a distributividade. Inversamente, quanto mais centralizada é uma rede, menos interatividade ela possui.

À medida que a evolução caminha para a organização de redes distribuídas, pontes mais robustas entre as pessoas começam a se formar.

Ou seja, todos podem acessar todos, sem precisar de intermediários.

Um ecossistema de abundância e colaborativo entre pessoas é a mesma coisa. Uma rede distribuída de seres vivos que se apoiam e se ajudam conforme o problema que é trazido por uma delas.

São as pessoas que mobilizam redes e mais redes interagindo e movendo o mundo.

E é importante lembrar que o social não é o coletivo das pessoas.

O importante não é o conjunto dos indivíduos, mas o que está entre eles.

ENGAGE for Business

E, no mundo em que vivemos hoje, o que interessa não é mais a participação, mas a interação.

Neste instante, é importante diferenciarmos que participação é tornar-se parte de algo em que as regras já estão delimitadas por alguém. Isso vem antes da interação.

Já na interação, tudo vai sendo construído na medida em que as pessoas vão se conhecendo.

Na interação, o que acontece é determinado pelo fluxo interativo da convivência social.

Por isso é tão importante o social, o contato físico, as pessoas conhecerem-se de verdade, gerarem laços afetivos, saberem quem foram e quem são elas hoje.

E aí, começam a ocorrer coisas interessantes, como a geração de valor real para cada membro da rede, levando ao que falaremos mais adiante sobre "efeitos de rede".

O começo de tudo

No final de 2016, eu estava apoiando alguns amigos a saírem do desemprego que, naquela época, estava no seu auge.

Toda semana, eu abria o sistema de vagas interno da empresa, copiava a lista de posições em aberto e enviava a eles.

Dizia que, se houvesse alguma com o perfil deles, me informassem para que eu ligasse direto para o dono da vaga.

Essa era a minha forma de ajudar.

Um dia, também chegou a minha hora. Já não poderia auxiliá-los da mesma forma.

Ao sair, recebi aquele pacote clássico de *outplacement*.

Em um determinado momento, no final de 2016, participei de um evento, onde a empresa de *outplacement* reuniu quem estava em transição, quem já estava empregado e *headhunters*.

Achei a ideia genial.

No entanto, não conheci muita gente ali, pois o modelo do evento não foi concebido para incentivar as conexões e a interação.

Além disso, essa bela ideia acontecia apenas uma vez ao ano! Muito pouco para quem precisava recolocar-se. Faltava recorrência.

Na volta para casa, peguei carona com um colega e comentei a respeito da minha frustração, ao qual ele confirmou ser também a sua.

Ao concordarmos, ele me comentou: "Saddy, você tem uma rede de contatos incrível, com executivos e *headhunters*, e já está apoiando muita gente a se recolocar ao mercado. Por que você não cria um grupo para conectar essas pessoas e, quem sabe, não consegue um emprego para a gente?".

E foi assim que nasceu a ENGAGE for Business.

Raphael Saddy

Como tudo se desenvolveu

A ENGAGE nasceu com o convite que fiz a pessoas que trabalharam ou interagiram de alguma forma comigo durante minha carreira.

O objetivo nunca foi crescer, mas manter a qualidade, a conexão afetiva e interatividade entre pessoas seniores.

Eu queria criar um ecossistema de abundância. Onde todos pudessem ajudar a todos a desenvolver seus negócios e realizar seus sonhos.

Quando chegamos a um determinado número de pessoas, passei a perceber o real valor de algo chamado "efeito de rede".

Para que você entenda o poder disso, os efeitos de rede são mecanismos em um produto, empresa ou ambiente em que cada novo usuário torna o produto / serviço / experiência mais valioso para todos os demais usuários.

Para tentarmos medir – bem superficialmente – esse "efeito de rede", podemos definir quantidade de conexões em uma rede distribuída pela Lei de Metcalfe:

$$\text{Campo potencial} = (N - 1) * \frac{N}{2}$$

Onde N = número de nodos na rede, que podem ser telefones, computadores, pessoas etc.

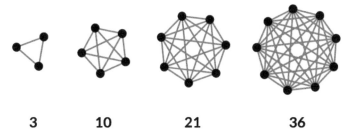

| 3 | 10 | 21 | 36 |

Representação gráfica das conexões possíveis entre nodos de uma rede.

Além dos efeitos de rede, eu sempre acreditei que o propósito comum deveria ser uma parte fundamental do modelo, sendo uma espécie de "cola" entre as pessoas.

Afinal, uma rede sem propósito é apenas um monte de pessoas.

Lembra de que o que importa não é a participação, mas a interação? Pois é...

ENGAGE for Business

Por isso, defini nossos valores na colaboração, nas conexões afetivas, no relacionamento de longo prazo e na tríade bondade, verdade e utilidade.

Desde o início também reparei o quanto era importante termos uma governança com uma triagem de entrada de novos membros baseada na confiança, curadoria e regras de convivência.

Nessa época, também tomei como base o livro *The starfish and the spider: o poder imparável das organizações sem líderes* (4), que indica os catalisadores estratégicos em redes sociais distribuídas, como a ENGAGE, como se segue:

- Interesse genuíno nos outros;
- Inúmeras conexões fracas ao invés de poucas conexões fortes;
- Habilidade de mapeamento social;
- Desejo de ajudar todos que encontram;
- Habilidade de ajudar as pessoas a ajudarem a si mesmas (ouvindo e compreendendo) ao invés de dar conselhos;
- Inteligência emocional;
- Confiança nos outros e na rede;
- Inspiração (para os outros);
- Tolerância para a ambiguidade;
- Abordagem *hands-off* – não interferir ou tentar controlar o comportamento dos membros da rede;
- Desapego – habilidade de passar o controle adiante ao invés de tentar tomá-lo para si.

Acredito que tais decisões foram fundamentais para enfatizar a importância da relação entre pessoas com foco nos negócios mutuamente benéficos.

O surgimento do modelo atual

As pessoas começaram a perceber que participavam de um ambiente de confiança e abundância, onde poderiam usufruir de indicações qualificadas.

Perceberam que a melhor forma de se sentir sereno é fazer parte de um grupo que se importa com você.

E um modelo de negócios acabou aparecendo naturalmente: conexão, intermediação e desenvolvimento de negócios.

As pessoas me procuravam para obter indicações para problemas que elas estavam enfrentando nas suas empresas.

Também me buscavam para oferecer seus serviços ou produtos.

Eu comecei a fazer cada vez mais conexões entre elas, muitos negócios começaram a ser fechados e pessoas conseguiram empregos.

Raphael Saddy

Acabei virando um "superconector" de negócios!

Isso significava que eu gerava uma redução significativa do tempo gasto para encontrar alguém que solucionasse o problema da empresa (para quem demandava) e do "custo de aquisição de clientes" (CAC) (para quem fornecia).

Fiz algumas boas conexões entre diversos membros e muitas amizades novas, algo que me fez crescer muito como pessoa.

No entanto, eu acreditava que precisava fazer ainda mais e de forma mais organizada, transparente, escalável, regulada, rastreável e onde todos pudessem realizar negócios sem sequer minha intervenção.

Comecei a olhar com mais detalhes e pude perceber que muitos negócios aconteciam nos grupos de WhatsApp ou Telegram, no LinkedIn, nos eventos, almoços, *e-mails*, etc.

Contudo, não havia controle nenhum, com negócios sendo misturados a postagens de opiniões, textos, frases de efeito, imagens, vídeos e arquivos. Isso sem considerar que não se podia saber quem estava nos grupos.

Eu via que muita gente estava perdendo incríveis oportunidades de fazer negócios.

Foi daí que surgiu a ideia de criar-se uma plataforma digital para a ENGAGE.

Nesse momento, vale comentar sobre a definição básica de uma plataforma, segundo o Prof. Geoffrey Parker, em seu incrível livro *Platform Revolution* (5).

Uma plataforma é um negócio com base na ativação de interações geradoras de valor entre produtores (fornecedores) e consumidores (clientes). Ela fornece uma infraestrutura aberta e participativa para essas interações e define as condições de governança.

O propósito geral das plataformas é consumar as correspondências entre os usuários e facilitar a troca de mercadorias, serviços ou "capital social", permitindo a criação de valor para todos os participantes.

Com base nisso, imaginei algo que pudesse ajudar muito mais pessoas, não apenas na ENGAGE, mas em outros milhões de grupos de negócios, aos quais chamei de *clusters*.

A ideia central sempre foi simples, conectar demanda com oferta de forma organizada.

Ao buscar referências no mundo, não consegui encontrar nada que contivesse tudo o que imaginava ser necessário para fazer as

ENGAGE for Business

pessoas realizarem mais negócios. Algo para proporcionar o que eu já estava fazendo.

Decidi criar uma plataforma própria e, no momento em que escrevo este capítulo, estou no meio do turbilhão do desenvolvimento de algo tão complexo.

Estou certo de que este foi um passo correto a ser tomado, pois tenho a crença de que esta ideia ajudará muita gente no mundo todo.

Isso sem mencionar a realização pessoal em ter encontrado um trabalho que eu amo e, com ele, ainda possa ajudar o próximo.

Lembra do início do capítulo? Pois é... O importante da vida, a vida que de fato vale a pena, é (definitivamente) a vida assumidamente dedicada ao outro.

Referências

(1) DE BARROS FILHO, Clóvis. *A vida que vale a pena ser vivida*. Disponível em: <https://youtu.be/WUw71Uiyaqo>. Acesso em: 13 de jun. de 2019.

(2) DE FRANCO, Augusto. *Democracia distribuída*. Disponível em: <http://blogs.mariosalimon.com/blog/democracia-distribuida/>. Acesso em: 13 de jun. de 2019.

(3) BARAN, Paul. *On distributed communications: I. Introduction to distributed communications networks*. Disponível em: <https://www.rand.org/content/dam/rand/pubs/research_memoranda/2006/RM3420.pdf>. Acesso em: 13 de jun. de 2019.

(4) BRAFMAN, Ori; BECKSTROM, Rod. *The starfish and the spider: the starfish and the spider: the unstoppable power of leaderless organizations*. Portfolio, 2008.

(5) PARKER, Geoffrey G; VAN ALSTYNE, Marshall W.; CHOUDARY, Sangeet Paul. *Platform revolution: how networked markets are transforming the economy and how to make them work for you*. USA: W.W. Norton & Company, 2016.

ENGAGE for Business

Capítulo 02

Processo colaborativo na implantação de sistema integrado de gestão empresarial

Um projeto de implantação de sistema integrado de gestão empresarial vai muito mais além do que a metodologia empregada. Estamos lidando com pessoas e, consequentemente, com a colaboração entre elas

Alexandre Gomiero

ENGAGE for Business

Alexandre Gomiero

Sócio-diretor da consultoria LexGo Solução e Inovação Digital. Economista e pós-graduado em Comércio Exterior pela Universidade Mackenzie. Possui mais de 25 anos de experiência como executivo em empresas multinacionais de agronegócio, com competências na área financeira, tecnologia de informação, planejamento corporativo e melhoria de processos de negócios. Liderou projetos de implantação de SAP, CSC (Centro de Serviços Compartilhados) e condução de planejamento estratégico de inovações tecnológicas. Atuou em empresas de grande porte como Louis Dreyfus, Noble, Ecom Trading e Multigrain.

Contatos
www.lexgobr.com.br
alexandre.gomiero@lexgobr.com.br
(11) 99195-7337

Alexandre Gomiero

Podemos afirmar que o trabalho em equipe é inerente ao ser humano desde a Pré-História. Conforme ressalta Kalleder (2012), pinturas rupestres já retratavam membros de nossa espécie se organizando para caçar em conjunto, aumentando assim a segurança da operação, bem como o sucesso da empreitada. Ainda segundo tal autor, "equipe" pode ser definida como:

> "Grupo de pessoas com habilidades e conhecimentos individuais específicos e complementares, que se esforçam de forma planejada por um objetivo comum, que depende do empenho de cada elemento para ser atingido."
> (Kallede, 2012, p. 5)

Espera-se que o trabalho em equipe seja bem-sucedido quando ancorado em dinâmicas colaborativas. Os estudos voltados para o trabalho em grupo/equipe muitas vezes utilizam os termos "colaboração" e "cooperação" como sinônimos. No entanto, em outras situações, tais termos são designados para tratar de processos semelhantes, porém com algumas distinções, conforme esclarece Damiani (2008). Torres, Alcântara e Irala (2004) salientam que, apesar das diferenças, ambos os termos derivam de dois postulados principais: rejeição ao autoritarismo e promoção da socialização, não só pela aprendizagem, mas, principalmente, na aprendizagem. No presente capítulo, assumo que:

> "Grupos colaborativos são aqueles em que todos os componentes compartilham as decisões tomadas e são responsáveis pela qualidade do que é produzido em conjunto, conforme suas possibilidades e interesses."
> (Parrilla 1996, apud DAMIANI, 2008, p. 214)

Segundo Abreu e Camarinha-Matos (2006), é comum a participação em um processo de colaboração trazer benefícios para as entidades envolvidas. Esses benefícios incluem um aumento do que podemos chamar de "capacidade de sobrevivência" em um contexto de turbulência de mercado, mas também a possibilidade de alcançar objetivos comuns. Com base nessas expectativas estão, entre outros, os seguintes fatores: compartilhamento de riscos e recursos, junção

ENGAGE for Business

de habilidades e capacidades complementares, aquisição de uma dimensão (virtual) superior, acesso a mercados novos e/ou mais amplos e novos conhecimentos, dentre outros.

Tais autores também destacam que o valor gerado por um processo de colaboração, nos dias de hoje, não é mais determinado apenas pelos seus ativos tangíveis, como aqueles dados pelos produtos ou serviços fornecidos, mas também pelos seus ativos intangíveis (por exemplo, valor de relação ou capital social). Essa ampliação ocorre a partir da evolução das formas colaborativas, do surgimento de novos papéis e novos atores, bem como das interações contínuas e repetitivas entre os parceiros. Assim, defendo que o valor dos processos colaborativos na atualidade é relevante e crescente, embora concorde com Huxham e Vangen (2005) ao afirmarem que tais processos são complexos e árduos.

Dessa maneira, em minha perspectiva, apesar dos possíveis desafios, é necessário investirmos cada vez mais na construção de processos colaborativos, visando o aprimoramento das formas de trabalho nas mais variadas situações do universo corporativo, como a que é foco do presente capítulo.

Objetivos

Partindo-se do cenário apresentado anteriormente, o presente capítulo tem como objetivo:

- Relatar uma experiência de implementação de um sistema integrado de gestão empresarial da SAP em uma empresa multinacional na área de agronegócio;
- Refletir sobre o papel dos processos colaborativos nesse processo de implementação.

Contexto da implementação

Em 2011, uma das maiores empresas multinacionais do Japão adquiriu 100% de uma empresa voltada à armazenagem, logística e exportação de *commodities* agrícolas, tais como soja e milho, que será aqui identificada com o nome fictício PoliAgro. O intuito da multinacional estrangeira era que a empresa recém-adquirida integrasse o *pipeline* do fornecimento de grãos para a sua plataforma de vendas para a Ásia. Dessa forma, investiu em ativos, colaboradores experientes e melhoria de processos.

O cenário econômico nacional em 2011 era favorável, com as exportações brasileiras alcançando o recorde de US$ 256 bilhões, 14% do Produto Interno Bruto (PIB). A China já era o maior parceiro comercial do Brasil. As exportações para o país asiático haviam crescido quatro vezes mais que as exportações totais entre 2000 e 2010, com destaque para soja, café, minério de ferro e petróleo.

Alexandre Gomiero

Fui contratado para participar de um plano de transformação nos processos da PoliAgro. O objetivo dos acionistas era que a PoliAgro triplicasse o seu faturamento em 5 anos, tornando-se um grande *player* no mercado de agronegócio. Visando atingir tal objetivo, organizamos um comitê junto aos demais diretores e realizamos um estudo sobre o quadro da empresa.

A PoliAgro possuía um sistema de gestão empresarial muito customizado e sem interface com outros sistemas que atendiam processos e áreas específicas. Além disso, a tecnologia de sua arquitetura estava obsoleta. Havia muitos controles financeiros sendo realizados em planilhas, bem como um grau inconveniente de falta de confiança nas informações geradas por tais controles. O fechamento contábil era extremante demorado, acarretando complicações na dinâmica da empresa.

A conclusão dos acionistas foi de implementar um sistema integrado mais robusto e substituir todos os sistemas legados nas empresas PoliAgro (*Trading*) e também em outra empresa do grupo, porém voltada ao negócio de gestão agrícola. Foi aprovado um investimento de US$ 30MM para o projeto, sendo eu designado como PMO (*Project Management Officer*), respondendo diretamente ao Conselho de Administração, composto por executivos da matriz.

Descrição da implementação

Definição e escopo

O projeto teve início em 2013 e foi finalizado em 15 meses, conforme planejamento inicial. O escopo do projeto englobava a área de finanças, bem como gestão de riscos, logística e área comercial. Definimos, em conjunto com os diretores, a cessão de gerentes e coordenadores das respectivas áreas para serem usuários-chave no projeto, dedicados em 100% de seu tempo e respondendo diretamente ao PMO, enquanto durasse o projeto.

Após um intenso processo de seleção, contratamos uma empresa multinacional como consultoria implementadora, e a SAP Consulting como *Trusted Advisor*. Para complementar a solução, contratamos sistemas satélites e as respectivas consultorias de gestão tributária, recursos humanos e gestão agrícola para integrar a arquitetura do novo sistema. Além disso, desenvolvemos internamente um módulo para precificação de *commodities*. Desse modo, pudemos contabilizar que o processo colaborativo de implementação do sistema integrado de gestão empresarial da SAP na PoliAgro envolveu 5 consultorias e uma equipe multidisciplinar, como detalharei a seguir:

ENGAGE for Business

Estrutura colaborativa

A equipe contou com 30 usuários-chave (áreas de negócios e TI) e 80 consultores especialistas, organizados por células de trabalho (Comercial, Logística, Financeiro, RH, dentre outras) e uma equipe de Gestão de Mudanças. Quanto à estrutura física, alugamos um andar em outro prédio próximo à sede da PoliAgro para comportar a equipe e os equipamentos do projeto. Durante esse período, liderei um segundo projeto de implantação focado em um CSC (Centro de Serviços Compartilhados) simultaneamente à implantação do sistema integrado de gestão empresarial. Tal caso poderá ser alvo de futuras publicações complementares à presente.

Dinâmica de trabalho

Cada célula de trabalho tinha um diretor como responsável pelos requisitos de negócios e que, além do acesso direto aos usuários-chave, acompanhava semanalmente as reuniões de andamento do projeto com o PMO. Nem sempre tínhamos a colaboração de todos os diretores, que demandavam outras atividades aos subordinados alocados no projeto. Nesse momento entrava em ação a equipe de Gestão de Mudança para realinhar as atividades.

As fases iniciais do projeto transcorreram sem problemas, com cada célula de trabalho executando suas atividades dentro do tempo e normalidade. Entretanto, com o início dos testes integrados, as células tiveram que se relacionar para a execução das atividades. Nessa dinâmica, os problemas relacionados à construção dos processos de negócios surgiram, e demandaram atenção especial, exigindo a colaboração das equipes de forma multidisciplinar. Após o término do projeto, essa experiência contribuiu à criação de um departamento de BPM (*Business Process Management*) para desenvolvimento de novas funcionalidades junto à área de Tecnologia da Informação. Esse caso também poderá ser discutido em outras obras complementares à presente.

Assim, pudemos constatar que a implantação de um sistema integrado de gestão empresarial é sempre um grande desafio, mas quando envolve todas as operações da empresa, desde a área comercial até a contabilidade, a complexidade e a necessidade de colaboração, se torna ainda mais importante.

Resultados

Com o projeto relatado, a PoliAgro foi pioneira na implantação de um módulo de gestão de contratos agrícolas na solução integrada da

Alexandre Gomiero

SAP (ACM - *Agricultural Contract Management*). Por conta disso, eu e outros membros da equipe participamos de reuniões juntamente com outras empresas do mercado de agronegócio para discutir melhorias na solução junto a SAP nos EUA. Foram reuniões realizadas de 2015 a 2017, em Chicago, Atlanta e Nova York, nelas representando a PoliAgro, e levamos requerimentos de negócios comuns a outras empresas do mercado brasileiro do agronegócio. Ainda tive a oportunidade de realizar duas viagens de alinhamento à matriz da PoliAgro no Japão, visando apresentar o andamento do projeto aos acionistas e também discutir ações de inovação. Dessa forma, a rede de colaboração se expandiu para outros países.

Devido ao caráter inovador da implantação do ACM pela PoliAgro, fui convidado a realizar uma apresentação sobre seu caso de sucesso no SAP Fórum de 2015, bem como o relato do mesmo consta atualmente em uma das publicações da SAP, disponível em:

https://news.sap.com/brazil/2015/02/11/multigrain-implanta-paco-te-de-aplicacoes-da-sap-para-apoiar-o-plano-de-expansao-da-empresa-nos-proximos-5-anos/

Refletindo sobre a implementação

Todas as informações financeiras geradas no novo sistema da SAP, ou por meio dele, tiveram sensível diminuição do prazo para fechamento contábil. Gestão de todos contratos de compra/venda de *commodities* no sistema, e indicadores gerenciais de *performance* e resultados. Ainda, verificou-se melhoria na importante integração das informações entre os departamentos.

A equipe de Gestão de Mudanças desenvolveu um projeto de multiplicação de conhecimento, que se estendeu após o *Go-Live*, no qual a colaboração dos usuários na produção de materiais e treinamento foi fundamento para a assimilação das novas rotinas no novo sistema integrado de gestão empresarial.

As principais lições aprendidas do processo vivenciado no projeto aqui descrito foram:

- Engajar os gestores desde o começo do projeto;
- Aportar usuários-chave com grande conhecimento de negócio e poder de decisão;
- Definir os processos de negócios e trabalhar especialmente aqueles que não estejam maduros;
- Ter a participação ativa das filiais, por meio de um processo de Gestão de Mudança efetivo;

ENGAGE for Business

- Formar usuários multiplicadores desde o início do projeto, uma vez que serão pontos-chave no suporte às filiais.

Conclusões

O presente capítulo atingiu seu objetivo na medida em que descreveu e refletiu sobre o desenvolvimento de implantação de um sistema integrado de gestão empresarial em uma companhia em processo de transformação. Concluímos este relato ressaltando o papel fundamental da colaboração da alta gestão direcionando recursos e apoio para o desenvolvimento do projeto, o papel central dos participantes desse projeto e a colaboração mútua para desenvolver, testar e implantar o novo sistema. E, por fim, também evidenciamos o importante papel de outras empresas do setor que ajudaram com discussões sobre melhores práticas na execução de processos de negócios comuns.

Pessoalmente, a experiência na condução desse projeto me fez entender melhor a importância da colaboração entre as pessoas para atingir um resultado ainda melhor. Espero que as reflexões ajudem os profissionais interessados em suas futuras experiências.

Referências

ABREU A.; CAMARINHA-MATOS L. *On The Role Of Value Systems and Reciprocity In Collaborative Environments*. In: Network-Centric Collaboration and Supporting Frameworks. PRO-VE 2006. IFIP International Federation for Information Processing, v. 224, Boston: Springer, 2006.

DAMIANI, M. F. Entendendo o trabalho colaborativo em educação e revelando seus benefícios. *Educar em Revista*, Curitiba, n. 31, p. 213-230, 2008.

HUXHAM, c.; VANGEN, S. *Managing to collaborate: The theory and practice of collaborative advantage*. London: Routledge, 2005.

KALLEDER, H. A importância do Trabalho em equipe no ambiente corporativo. *FABE em Revista*, v. 3, n. 3, p.1-9, 2012.

TORRES, P. L.; ALCÂNTARA, P. R.; IRALA, E. A. F. Grupos de consenso: uma proposta de aprendizagem colaborativa para o processo de ensino-aprendizagem. *Revista Diálogo Educacional*, v. 4, n. 13, p. 129-145, 2004.

ENGAGE for Business

Capítulo 03

A colaboração em projetos corporativos com resultados extraordinários

Este capítulo ajudará o leitor a identificar fatos que podem fazer toda a diferença na implementação de projetos complexos por meio da colaboração entre as pessoas de diversas culturas e perfis funcionais

Alexandre José Acaui de Carvalho

ENGAGE for Business

Alexandre José Acaui de Carvalho

Tecnólogo em Tecnologia da Informação, com MBA's em Gestão Econômica e Estratégica de Projetos (FGV) e *Business Administration* (FAAP), mais de 20 anos de carreira ocupando posições de liderança estratégica em empresas globais no segmento farmacêutico, bens de consumo, varejo e serviços. Sólida experiência em implementação de modelos de Governança de TI, com foco em entrega de resultados e orientação às estratégias de negócio. Quinze anos de experiência como professor universitário em instituições de ensino superior, modalidades de MBA e pós-graduação presencial em disciplinas de Governança em Tecnologia da Informação, Gestão Estratégica e Econômica de Projetos, Gestão de Infraestrutura de TI, Transformação Digital, Logística Internacional e Gestão de Recursos Humanos. Excelente perfil de liderança gerenciando projetos com times multiculturais & multifuncionais (local e internacional) com forte gestão por influência e negociação adquirida durante 15 anos de gestão de grandes projetos de negócio. Posicionado entre os 50 melhores CIOs do Brasil desde 2010; 2015 e 2016 finalista entre os 3 melhores CIOs para Bens de Consumo; Projetos de TI posicionados entre os 100 mais inovadores desde 2009. Fonte: IT Mídia.

Contatos
LinkedIn: Alexandre José Acaui de Carvalho
alexandre.acaui@gmail.com

Alexandre José Acaui de Carvalho

"O talento vence jogos, mas só o trabalho em equipe
ganha campeonatos."
Michael Jordan

Projetos propõem mudanças de processos dentro das organizações, que por sua vez são operacionalizados por pessoas. O conjunto "pessoas, processos e tecnologias" precisa viver em total harmonia, pois não vive isolado. Organizações que implementam projetos com foco em automação e tecnologia tão somente, sem pensar no impacto que essas implementações causarão no dia a dia das pessoas, tendem a colher grandes fracassos, comprometendo o negócio e afetando toda a cadeia de valor. Por exemplo, um projeto de automação industrial mal implementado pode causar ineficiências em todo o ciclo produtivo em termos de *performance*, pois compromete a produtividade em um ambiente de manufatura e impactos sérios podem ser gerados em estoques e vendas. Uma questão de produtividade comprometida pode aumentar os níveis de estoque de matéria-prima e também de produto acabado, uma vez que a empresa corre o risco de perder vendas para concorrentes por falta de entrega do produto ou serviço no prazo esperado.

O grande desafio na implementação de projetos sempre foi e sempre será a gestão das pessoas. Em grandes projetos internacionais, esse desafio é ainda maior, pois não se trata apenas de gerir pessoas que compartilham da mesma cultura, geografia, costumes, etnia e valores, mas sim de pessoas com formação totalmente diferente no tocante a esses temas, o que pode causar questões sérias de comunicação, dificultando o engajamento da equipe como um todo em prol de um resultado comum.

A gestão de mudanças (*"People Change Management"*) tem um valor primordial em grandes implementações de projetos internacionais, uma vez que pessoas estarão muito provavelmente interagindo entre si na entrega de tarefas que, por sua vez, são interligadas e fazem parte de um cronograma gigante, que só será entregue em sua totalidade, ou seja, só chegará ao *Go-Live*, caso essas tarefas se conversem e respeitem uma sequência lógica de execução. Esse fato somente acontecerá se houver

ENGAGE for Business

uma comunicação efetiva entre pessoas. Também um bom processo de gestão de mudanças deve, além de criar o senso de urgência nas organizações e equipe de projeto, trazer ferramentas capazes de unir pessoas e culturas por meio de eventos e comunicações importantes para os resultados da empresa em função do sucesso em uma implementação de projeto. Liderei várias implementações de grandes e complexos projetos locais e internacionais em minha estrada como executivo de tecnologia da informação. A grande maioria deles em escopo internacional e sem uma efetiva colaboração entre pessoas de diferentes áreas funcionais e países, o sucesso certamente estaria comprometido.

Dentre esses projetos, reservei este tempo para mencionar um em específico, conduzido em uma grande indústria farmacêutica com bastante foco no relacionamento humano e que precisava obter alguns resultados cruciais em sua planta em termos de produtividade, controle de processos, redução dos níveis de estoque, aumento dos níveis de qualidade, redução de *lead-time* (tempo de processo) com melhorias nos tempos de entrega de medicamentos aos canais de venda, entre eles hospitais. Essa planta também estava sendo preparada para exportar produtos para os Estados Unidos da América e, em função desse objetivo, precisava atingir altos níveis de qualidade validados pela agência americana que fiscaliza indústrias do segmento farmacêutico e alimentício, chamada FDA (Food & Drug Administration).

Essa empresa possui até os dias de hoje valores encantadores no que diz respeito ao cuidado com a vida. Mas um lema sempre me chamou muito a atenção. Eles diziam: "Nós trabalhamos para melhorar vidas". Este lema foi para mim sempre o grande norte que me guiava aos resultados que eu e minha equipe precisávamos entregar, pois sabíamos que o sucesso do projeto, em termos de resultados de negócio, não era tão somente financeiro, mas também social. Esse propósito maior nos unia, nos dava energia para ultrapassar obstáculos que, muitas vezes, pareciam impossíveis, mas no final eram superados com eficiência e sem comprometer nossas entregas.

Durante 1 ano de trabalho, tempo previsto na época para transformar essa manufatura com a implementação de um MES (*Manufacturing Enterprise System*), cada dia era de suma importância, pois nossos prazos estavam ligados a outros do negócio da corporação, tanto no que diz respeito a objetivos corporativos de redução de custos, como também aumento de vendas com exportações aos EUA.

A importância das mais de cem pessoas dos mais diferentes níveis funcionais, diferentes gêneros, etnias, culturas, estarem em sintonia com as entregas do projeto e em total ambiente de colaboração era primordial para que pudéssemos alcançar nossos resultados. O idioma sempre foi uma barreira, mas superada com um clima de empatia uns pelos outros.

Alexandre José Acaui de Carvalho

Algumas vezes durante reuniões, tratando de assuntos que iriam impactar a operação, descobríamos que o idioma inglês era uma dificuldade não somente para os brasileiros, mas também para os alemães, franceses e espanhóis. Somente em função de um ambiente de colaboração total, *outstanding* (fora do comum), conseguimos chegar a conclusões, consensos, desenhar caminhos que nos levassem ao único resultado aceitável. A conclusão eficiente daquela etapa do projeto.

O espírito de equipe, engajamento das pessoas, a responsabilidade profissional, nos levavam a um clima de total colaboração entre as pessoas para o atingimento de nosso objetivo comum, que elevaria a maturidade em processos e tecnologia dessa organização a níveis esperados de uma planta de alta *performance*, capaz de melhor atender o mercado nacional e internacional.

Mas nada disso seria possível sem um planejamento adequado e, principalmente, sem um plano de gestão de mudança extraordinário, construído em conjunto e liderado pela área de recursos humanos. Todas as plantas que haviam implementado esse projeto no mundo escolheram um Deus grego para contar a história associada às etapas do projeto. Nós escolhemos o "Hércules" e dividimos nosso projeto em 12 grandes entregas, análogas aos 12 trabalhos de Hércules para voltar ao Olimpo.

Mas qual a primeira palavra que vem à mente quando pensamos em Hércules? "Força". Força essa que nos inspirou a todo o momento para uma implementação com alto grau de dificuldade, em função da complexidade do projeto em espaço de tempo considerado curto, porém essencial para os objetivos estratégicos de negócio. Força essa extraordinária para aprender novos conhecimentos, para se desapegar de sistemas e hábitos antigos, para persistir até acertar, para encarar o medo do novo, sabendo que com trabalho, disciplina e principalmente "colaboração entre pessoas e times", nosso final poderia ser feliz.

Mas que fim levou Hércules? Somente depois de efetuar seus 12 trabalhos, Hércules pôde voltar ao Olimpo e ficar entre os Deuses. Nós precisávamos entregar os 12 trabalhos e nossa comunicação enfatizava que somente com a força e colaboração da equipe poderíamos chegar ao "Olimpo da Automação".

Apoiados por essa energia e força, mas também com celebrações a cada trabalho entregue, caminhamos durante 12 meses para entregar 12 trabalhos (etapas de nosso projeto), iniciando uma robusta fase de planejamento, seguida pela elaboração de um "*Fit & Gap Analysis*", ou seja, o que a nova solução de automação era capaz de entregar em termos de funcionalidade, o que precisaria ser desenvolvido para atender os requisitos de negócio da companhia. Então, partimos para o terceiro trabalho que consistia em uma detalhada análise

ENGAGE for Business

dos requerimentos finais, e logo em seguida iniciamos os treinamentos do time Hércules, liderado por nossos parceiros alemães globais fabricantes da solução. Chegamos então ao nosso quinto trabalho, que consistia em um *workshop* para apresentação dos resultados de análises de aderência efetuados no trabalho 2, quando o time se reuniu para construir um documento que pudesse ser entendido pelo cliente do projeto de alta gestão. Esse trabalho foi um dos mais desafiantes, pois representou um grande marco para que tivéssemos o aceite de seguir em frente, o chamamos de *"Go – No Go decision"*. Foi um trabalho construído por todos, com o desafio de se fazer entender, muitas vezes fora do idioma inglês, mas misturando português, espanhol, um pouco de alemão e no final traduzido para uma apresentação em inglês (altíssimo nível de colaboração). A partir daí, efetuamos trabalhos como revisão de fluxos de processos, construímos interfaces que levavam e traziam informações para nossa plataforma de automação, implementamos toda a infraestrutura de *hardware*, *software* e rede, e alimentamos nosso novo sistema com cadastros e desenhos de processos que iriam automatizar toda a manufatura, desde a dispensação até a embalagem dos medicamentos, gerando documentações dos lotes de produção e embalagem.

Para implementar esse projeto contávamos com um orçamento de USD 1,69 milhões, com uma taxa de retorno (IRR: 3.0) e um valor presente (NPV: USD 1,0 milhões).

E para atingirmos esse resultado financeiro, todos os 12 trabalhos de Hércules precisariam garantir alguns benefícios, como melhorar o status de *compliance* da planta, transformar as informações de lotes de produtos, anteriormente baseadas em papel, em eletrônicas, especialmente devido a oportunidade de exportação aos EUA, maior habilidade e produtividade para lidar com um crescente volume de produção e ao mesmo tempo não comprometer a qualidade dos medicamentos produzidos, suportar a redução do tempo de fabricação de 14,5 dias para 8 dias, reduzir 2 milhões em inventário, reduzir produção fora da especificação em 0,6 milhões ao ano por meio de melhor análise e gestão eletrônica, evitar alto esforço de trabalho (1.260 horas) de verificação de documentos de garantia de qualidade baseados em papel e reduzir custos em TI, aposentando complexos sistemas legados.

Mas o processo de *"Change Management"* precisa trabalhar a equipe do projeto dentro do contexto da organização, ou seja, fazendo com que a colaboração entre as pessoas venha não somente de dentro da equipe, mas de fora também. De dentro, porque sem essa colaboração não existem entregas eficientes, e de fora, porque são os clientes que estarão recebendo em suas mãos uma nova solução que irá mudar seu cotidiano, a forma como sempre se trabalhou passa a ser diferente e precisa ser aceita por pessoas que irão operacionalizar e gerenciar esse novo ambiente.

Alexandre José Acaui de Carvalho

Em função dessa dinâmica, pessoas das diversas áreas eram convidadas a participar das reuniões nas quais mudanças de processos estavam sendo propostas. Também a forma como o operador interagia com a tecnologia estava mudando, ou com telas ou conceitos novos. Nossas dinâmicas em grupo, tanto internas como externas (*team-buildings* e celebrações), eram sempre feitas com um misto de equipe de projeto e pessoas que só não estavam no projeto porque precisavam continuar tocando a operação no dia a dia. Os *team buildings* e eventos de equipe nos mostravam falhas de comunicação e relacionamento que realmente aconteciam no projeto. Dessa forma, tínhamos a oportunidade de refletir e melhorar nossa relação de colaboração mútua. Também celebrações contavam com pessoas-chave dentro e fora do projeto, o que fortalecia nossa colaboração inter e intraequipe de projeto.

Lições desse projeto que busquei repetir em outros grandes projetos sempre trouxeram resultados de sucesso. É muito importante que na gestão de projetos assim tenhamos ferramentas, boas práticas, métodos, conhecimento técnico e de negócios, visão estratégica, pensamento sistêmico, no entanto, a chave para o sucesso, sempre serão as pessoas. A vontade de mudar e de inovar, a união em torno de propósitos comuns e a diversidade de perfis e pontos de vista são o que realmente farão a grande diferença e trarão resultados extraordinários.

ENGAGE for Business

Capítulo 04

A força invisível

A cultura do individualismo está com os dias contados. Neste capítulo, venho demonstrar por meio de experiências de cooperação e engajamento como estes podem mudar o cenário de nossa vida e negócios. Precisamos estabelecer um novo modelo mental em nossa vida, negócios e empresas. A cooperação é uma força poderosa para superar os desafios que o mercado e a vida nos impõem, basta pensarmos além de nós mesmos

Carlos Esau

ENGAGE for Business

Carlos Esau

Formado em administração e *marketing* pela FPU – Fresno Pacific University / EUA. Mestre em desenvolvimento regional pela UNISC - Universidade de Santa Cruz do Sul. É escritor, palestrante e consultor internacional nas áreas de liderança, gestão de projetos, motivação e desenvolvimento de pessoas. Além do Brasil, já ministrou palestras e treinamentos nos Estados Unidos (Califórnia e Havaí). Especialista em TEAL – Treinamentos Vivenciais ao Ar Livre. Atua como *coach* de vida e carreira certificado pela SBC – Sociedade Brasileira de Coaching. Docente internacional do Haggai Institute for Advanced Leadership com sede em Maui / Havaí. Sócio-proprietário da Chegar desenvolvimento humano. Foi diretor geral de grupo empresarial do ramo de máquinas agrícolas. Na gestão pública, exerceu a função de gerente administrativo e RH. Atualmente, exerce a função de Gerente Executivo de uma cooperativa agroindustrial na fronteira Brasil e Uruguai. Atua como *trainer* de equipes para alta *performance*, tendo desenvolvido metodologia própria do Ciclo da Liderança. Casado, pai de dois filhos, cristão.

Contatos
www.chegardh.com.br
carlos@chegardh.com.br
Facebook: carlos.esau.1 / chegardh.com.br
Instagram: carlos_esau
(51) 98029-9612 WhatsApp

Carlos Esau

> "Gerenciamento é substituir músculos por pensamentos, folclore e superstição por conhecimento, e força por cooperação."
> Peter Drucker

É fato que vivemos em tempos de rápidas mudanças sociais, ambientais e econômicas, e todas resultantes, de uma forma ou outra, de nossos comportamentos. As crises e turbulências pelas quais empresas, sociedade, famílias e o indivíduo estão passando revelam o distanciamento que temos enfrentado em relação ao que muitos almejam e o que de fato alcançam.

Se por um lado desejamos ter empresas mais fortes e perenes, negócios mais competitivos e viáveis, equipes mais colaborativas e mais felizes, por outro precisamos melhorar a comunicação, depositar uma maior confiança nas pessoas, pensar "no outro" e agir com intencionalidade na cooperação e crescimento de todos os envolvidos. Em outras palavras, buscar os resultados que desejamos individualmente sem, no entanto, esquecer o compromisso que temos com os resultados dos outros.

Estamos vivendo "a quarta revolução industrial" ou "indústria 4.0". Ainda que para alguns ela possa parecer muito distante de sua realidade, a tecnologia e disseminação do conhecimento que observarmos no dia a dia estão muito mais próximos do que imaginamos. Essa revolução também alcançou a gestão empresarial, com alterações nos organogramas, na estrutura organizacional, que antes era extremamente verticalizada e hoje está cada vez mais plana, horizontalizada, com novas relações de poder. Há também mudanças na economia, cada vez mais compartilhada, colaborativa ou cooperativa, que vem alcançando resultados capazes de superar, ou no mínimo diminuir, as interferências que a globalização exerce na vida e nos negócios.

É preciso haver uma mudança real de paradigma, pois uma frase bem conhecida dessa nova economia (indústria 4.0) diz o seguinte:

ENGAGE for Business

"Eu não preciso de uma furadeira, preciso é de um furo na parede". Todos os dias surgem novos e melhores aplicativos nas mais diversas áreas, como mobilidade urbana, hospedagem, viagens, alimentação, compra e venda de produtos *on-line*, entre outros. Isso mostra quão desafiador é criar algo novo, manter negócios e empresas operando e gerar resultados sustentáveis. Quero compartilhar três experiências e seus desafios que poderão auxiliá-lo para uma conquista de melhores resultados na sua vida pessoal, profissional e empresarial.

A vida não é competição, é cooperação

No ano de 1844, em Rochdale, na Inglaterra, foi constituída a primeira cooperativa dos tempos modernos. Desde então se trabalha no desenvolvimento de regiões e segmentos diversos de mercado sob forma cooperativa. Nesse modelo, ganha-se em escala, favorecendo produtores de pequenas e médias propriedades para inserirem seus produtos em condições de se tornarem viáveis economicamente e crescerem num mercado cada vez mais competitivo.

Atualmente, o sistema cooperativo continua sendo uma excelente alternativa de trabalho e negócio. Sou associado em uma cooperativa de produção, que por décadas vem fazendo a diferença na vida de pessoas e de toda uma região fronteiriça do Rio Grande do Sul.

Como e por que iniciaram essa referida cooperativa? Em uma noite fria de inverno no sul do Rio Grande do Sul, um grupo de 5 produtores, cansados de sofrer com prejuízos nas lavouras de trigo, e não encontrando alternativas individualmente para suas propriedades, decidiram se unir para formar uma cooperativa. O lema que selou a reunião e que continua ecoando até os dias atuais foi *"Unidos e com fé em Deus venceremos"*. Essa cooperativa comemora seus 60 anos em 2019, beneficiando mais de mil famílias de associados.

O cooperativismo é um movimento e uma filosofia de vida que hoje já conta com mais de um bilhão de adeptos em todo o mundo. E, com certeza, é uma grande alternativa para enfrentarmos os novos tempos de economia compartilhada da quarta revolução industrial. Pois é justamente em momentos de crise, de dificuldades, que as pessoas precisam unir forças, cooperar, para superar as adversidades e promover o seu desenvolvimento econômico e social.

De forma simplificada, observe a figura 1 a seguir, e identifique se para o seu negócio e/ou empresa a filosofia de trabalho cooperativo pode gerar resultados, pois, juntar- se com empreendedores do mesmo segmento e compartilhar o mercado pode não ser uma má ideia para aumentar os ganhos de todos!

Carlos Esau

Figura 1

> "O próximo grande salto evolutivo da humanidade será a descoberta de que cooperar é melhor que competir."
> Pietro Ubaldi

Se você não pode com seu inimigo...

Este e outros adágios são muito conhecidos e traduzem claramente a experiência que descrevo a seguir. No ano de 2009, tive o prazer de conhecer, em uma palestra, um modelo de economia e trabalho chamado redes de cooperação. Esse formato se baseia em "aglutinar" empresas de um mesmo setor por meio de um estatuto e normas padronizadas de atuação, para que estas possam realizar compras em grupo, adquirir e/ou prestar serviços coletivamente, trocar experiências e desenvolver suas empresas, negócios e equipes de forma integrada.

Como consultor de empresas em uma cidade de pequeno porte, onde a disputa de mercado com outros consultores é bastante acirrada, e ainda existe o limitador de ser "de casa" (como mencionei anteriormente, o adágio que se aplica aqui é "santo de casa não faz milagre"), decidi encontrar meus "concorrentes" e transformá-los em parceiros de negócio. Assim sendo, em menos de 4 meses estávamos com uma rede de 12 consultores operando de forma colaborativa. As vantagens foram inúmeras, pois tínhamos um maior conhecimento de mercado, condições de oferecer serviços melhores para

ENGAGE for Business

os clientes, maior capacidade de abrangência e desenvolvimento, e aprendizado compartilhado constantemente.

Veja a figura 2 abaixo, pois tudo começa com uma ideia/iniciativa, quando se define o negócio coletivo, neste caso, como e quais serviços iríamos prestar coletivamente dentro das individualidades de cada um, e depois definir os acordos de parceria e mantê-los por tempo indeterminado, confiando e promovendo uns aos outros e não competindo.

O resultado prático dessa iniciativa colaborativa foram muitos negócios gerados, grandes aprendizados estabelecidos e consolidados, e, principalmente, importantes e duradouros relacionamentos construídos, que se prolongam até os dias atuais.

Figura 2

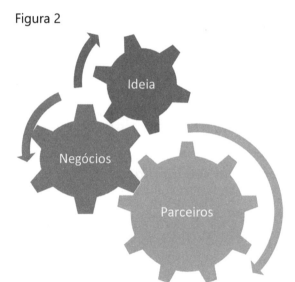

Eu acredito que é possível transformar o mundo em um lugar mais justo, feliz, equilibrado e com melhores oportunidades para todos, se cada um decidir fazer sua parte pensando no outro.

O coletivo tem mais força que o indivíduo

Considerando que a cooperação é um modelo que tem gerado resultados duradouros no transcorrer da história da humanidade – como vimos anteriormente –, e que redes de cooperação ampliam mercados para os que, individualmente, não teriam acesso aos mesmos, temos algumas respostas para a solução de problemas de nossa sociedade contemporânea. Fato é que o trabalho em grupo, o pensar e reali-

Carlos Esau

zar colaborativo, sempre irá gerar resultados melhores para um grupo maior de pessoas.

Nesse contexto, nasceu uma iniciativa de empresários e cidadãos locais que se propuseram a estabelecer uma agenda estratégica para os próximos 20 anos de nosso município. Tive a honra de conduzir esse processo de envolver os munícipes para planejar, realizar e cobrar do governo local ações e resultados para melhorias em quase todos os segmentos públicos ou privados. Estou falando de um movimento que tinha uma premissa maior de promover o engajamento das pessoas, lideranças e leigos, na proposição de melhorias e ações concretas nas áreas da educação, saúde, infraestrutura, inovação etc.

Os resultados gerados foram e continuam sendo surpreendentes, com novas políticas públicas municipais e estaduais sendo implementadas de acordo com as reais demandas locais. Foram inúmeras reuniões de planejamento, execução e avaliação, com todos os setores da sociedade. Da perspectiva do ator, no caso a sociedade civil, houve um grande engajamento e mudança de ser mero coadjuvante para se tornar protagonista de seu ambiente.

Já se passaram mais de 10 anos e o movimento alcança uma segunda geração de participantes, o que garante sua continuidade.

O que podemos aprender?

Neste mundo acelerado em que vivemos, ações estratégicas eficazes para que possamos colher resultados que sustentem nossas ideias e promovam o bem-estar individual e coletivo são imprescindíveis. A colaboração e cooperação são alternativas sustentáveis e totalmente viáveis para nossas empresas, nossos negócios e nossa sociedade, como vimos nos exemplos mencionados anteriormente.

Para que a cooperação gere os resultados financeiros, relacionais e de engajamento nos negócios e na vida de forma perene, é preciso reconhecer e valorizar os seguintes estágios e características que podem garantir o sucesso de projetos coletivos. São eles:

1. **Confiar em pessoas:** é necessário que a relação comercial, econômica e social, seja estabelecida e alicerçada na confiança mútua. Por isso, somente faça parcerias e negócios com quem você está disposto a andar junto. Portanto, escolher bem os parceiros é fundamental.

2. **Conexão emocional:** para que pessoas trabalhem juntas em um grupo e busquem resultados coletivos é fundamental estabelecer uma conexão que vá além do meramente profissional. Ser sensível às necessidades do outro e interpretar e atender as demandas do outro são fatores-chave para relacionamentos

ENGAGE for Business

duradouros. Importar-se com o(s) outro(os) no nível de amizade e corresponsabilidade pode ser crucial para o sucesso de todos envolvidos.

3. **Tempo de maturação:** é preciso respeitar as diferenças dos envolvidos e ter a humildade de aprender com todos. Cada um possui seu limite, bem como seu grau de conhecimento para auxiliar no desenvolvimento de todos.

4. **Colher os resultados:** muito mais que ganhos financeiros, as relações de cooperação geram um aprendizado que beneficia a todos. Torna-se necessário estar aberto para compartilhar informações e contribuir ao crescimento do outro antes mesmo do próprio. Correr riscos de "perder" um pouco às vezes faz parte do processo colaborativo e, portanto, aceitável.

5. **Critério e foco:** é necessário que se estabeleça o foco do grupo, negócio, equipe, empresa, pois sem uma visão clara dos objetivos não se consegue manter o engajamento das pessoas. Em segunda instância, o foco e a disciplina são a base para que o trabalho de todos contribua no projeto.

Faça uma análise em qual estágio e quais características você, sua empresa, seu negócio, sua equipe se encontram! Para superar os desafios do mercado, da sociedade e da vida, sempre será mais fácil fazê-lo não estando só. Lembre-se: cooperar é uma arte, você colhe semeando!

Referências

BOTSMAN, Rachel e ROGERS, Roo. *O que é meu é cada vez mais seu: a ascensão da Economia Colaborativa*, 2011. p.110.

OTT, H. *Camal 50 anos: atos e fatos que fizeram história*. Aceguá: Camal, 2009. p.65.

SIMONATO, Marcelo et al. *Segredos de alto impacto*. São Paulo: Literare Books International, 2018. p.60.

ENGAGE for Business

Capítulo 05

Como a diversidade e a inclusão são *drives* para a colaboração e o engajamento

Eu tenho duas grandes paixões: transformar e fazer a diferença no mundo. Meu propósito de vida é criar ambientes corporativos mais diversos e inclusivos, que gerem engajamento e pertencimento

Cristina Kerr

ENGAGE for Business

Cristina Kerr

Fundou a CKZ Diversidade há 12 anos para dar voz à diversidade e à inclusão. É consultora e palestrante, especialista em diversidade, inclusão, equidade de gênero e viés inconsciente. Formada em Publicidade e Propaganda pela FAAP, tem MBA na FGV em Gestão Estratégica e Econômica de Negócios e Pós-MBA *Advanced Boardroom Program for Women* (ABP-W) pela Saint Paul Escola de Negócios e Mestrado Profissional em Sustentabilidade na FGV (em curso). É professora de Diversidade na Fundação Dom Cabral e líder do Grupo Mulheres do Brasil. Cris Kerr tem formação em Mentoria, *Coaching*, Programação Neurolinguística, Neurociências aplicada a negócios e processos colaborativos em organizações. A CKZ Diversidade conta com duas áreas de negócios: uma Consultoria em Diversidade, com treinamentos abertos e treinamentos *in company*, onde focamos as necessidades da empresa, além de idealizar, promover e realizar a curadoria dos Fóruns: o 9º Fórum Mulheres em destaque, o 5º Fórum da Gestão da Diversidade e Inclusão, e o 2º Fórum da Diversidade no Conselho.

Contatos
www.ckzdiversidade.com.br
criskerr@ckzdiversidade.com.br
(11) 2387-0111

Cristina Kerr

Grande parte do meu trabalho como consultora em diversidade consiste em conscientizar pessoas e gerar transformação positiva. Realizo diversos treinamentos e palestras sobre diversidade e inclusão focando o poder da colaboração e do engajamento.

Ao longo dos anos, compreendi que a colaboração e o acolhimento são as melhores formas de fazer com que os colaboradores se sintam pertencentes. Eles se sentem significativamente mais incluídos quando são notados e reconhecidos por suas colocações e ideias. Assim, conectam-se com o grupo e criam um vínculo de confiança.

Uma pesquisa do Hay Group no Brasil, realizada com 170 empresas brasileiras, identificou que nos ambientes onde a diversidade é reconhecida e praticada, a existência de conflitos chega a ser 50% menor do que nos outros.

A pesquisa diz ainda que os colaboradores estão 17% mais engajados e ficam mais dispostos a colaborar e ir além das suas responsabilidades, e o desempenho dessas pessoas é 50% maior que o das demais.

Um ponto importantíssimo detectado na pesquisa é que esse ambiente só é possível com o envolvimento da liderança. Os líderes são os grandes incentivadores do ambiente inclusivo, produtivo, colaborativo e eficiente.

Outro dado fantástico é que o desempenho financeiro das empresas com colaboradores motivados tem sua receita líquida 4,5 vezes maior do que a das demais empresas.

Porém, um dos fatores que influencia negativamente os ambientes diversos e colaborativos é o viés inconsciente.

Você sabe quantas das suas atitudes são tomadas de forma consciente? Você ficará surpreso quando descobrir que apenas 5% de suas decisões são tomadas realmente de forma consciente. O restante, 95%, é de maneira inconsciente.

Graças ao avanço das tecnologias e das pesquisas da neurociência, hoje temos mais clareza sobre o funcionamento do nosso cérebro. O doutor Leonard Mlodinow, que é físico e professor no Instituto de Tecnologia da Califórnia, nos traz diversos dados de como o inconsciente rege a maioria das nossas decisões e atitudes, e também o nosso comportamento.

ENGAGE for Business

Sabe aquele seu colega de trabalho que você não suporta, não gosta de trabalhar junto e que seria a última pessoa com quem você gostaria de colaborar, mesmo não o conhecendo profundamente? Você já parou para refletir o que o faz pensar assim? Muito provável que seja o viés inconsciente.

O seu cérebro pode estar lhe dizendo que aquele indivíduo não é de confiança, e que você não deve se engajar e colaborar com ele. Acontece que sua mente associa essa pessoa a diversos fatores, entre eles, pode ser que ela se pareça com alguém com quem você não teve uma boa experiência profissional, ou ainda que ela use o mesmo perfume de um ex-chefe que foi cruel com você, e assim sua mente faz uma associação com a experiência vivida naquele momento.

Antes dos treinamentos de viés inconsciente, realizamos uma pesquisa qualitativa aprofundada com diversos líderes da empresa para compreendermos a cultura, valores, crenças e vieses mais fortes daquela organização. Vou dar dois exemplos, um positivo e um negativo, que vivenciei durantes essas entrevistas.

Certa vez, quando eu estava em uma dessas conversas, senti um forte viés de afinidade com um dos diretores entrevistados. Imediatamente depois da reunião, comecei a buscar alguma referência na minha mente para explicar aquela empatia imediata. Logo veio a imagem do meu melhor amigo da faculdade. A voz do executivo era muito similar à do meu amigo, e meu cérebro fez essa conexão entre a voz dos dois, trazendo referências positivas.

Em uma outra ocasião, aconteceu de forma negativa. Conheci uma pessoa e imediatamente senti que meu cérebro estava me alertando ao perigo, para uma possível ameaça. Quando parei para analisar a situação, percebi que ela era muito semelhante fisicamente a alguém com quem eu havia trabalhado e não tive uma boa experiência profissional.

Esse processo ocorre inconscientemente. Você não percebe que está julgando a pessoa. Os vieses inconscientes são baseados nos estereótipos, preconceitos e experiências adquiridos ao longo da vida. Eles moldam as expectativas e as preferências pelas pessoas e essas informações ficam associadas e gravadas como uma imagem no inconsciente, resultando em comportamentos e pensamentos.

Acreditamos que elas se baseiam no lado racional do cérebro, no entanto, elas são inconscientes e acabam influenciando as atitudes, julgamentos e ações, e sem que a pessoa perceba, acaba dando vantagem para uma determinada pessoa ou grupo (MLODINOW, 2014).

O que o viés inconsciente tem a ver com a colaboração entre os funcionários? Tudo! Se não identificarmos nossos vieses inconscientes,

Cristina Kerr

dificilmente poderemos ter uma boa relação com todos os colegas de trabalho, principalmente aqueles que são diferentes de nós.

De forma inconsciente, eu teria uma forte tendência a colaborar mais com a pessoa que tinha a voz similar a do meu melhor amigo da faculdade do que com o outro profissional que me trazia referências de uma experiência negativa.

Temos um viés muito forte que é o viés de afinidade. Procuramos nos aproximar daquelas pessoas que são exatamente como nós. Se com essas pessoas, muitas vezes já temos dificuldade de trabalhar em equipe, imagine com os que pensam e têm uma opinião diferente da nossa.

Mas o que isso tem a ver com diversidade e inclusão? Novamente a resposta é: tudo! Muitas empresas hoje têm programas de diversidade, e muitas delas têm contratado mulheres, pessoas negras, LGBTQ+, pessoas com deficiência, dentre outros.

Mas, isso não é bom? Sim, é ótimo, porque esses profissionais tão competentes quanto todos os outros estão ganhando seu espaço dentro das corporações. Contudo, o problema está na inclusão, pois eles só estão ali para comporem os números de diversidade. Não se sentem engajados e nem incentivados. Dessa forma, como poderão colaborar?

A solução é a inclusão. É criar uma nova cultura que dê voz para todas as pessoas, faça com que elas se sintam pertencentes ao grupo e também valorizadas.

Inúmeras pesquisas comprovam que uma equipe mais diversa gera mais resultado e produtividade, e com isso aumenta a receita para a empresa.

Gosto muito de usar a seguinte metáfora para exemplificar esses dois conceitos simples: diversidade é quando convidamos todo mundo para a festa. Inclusão é quando chamamos cada um deles para dançar, a seu modo, como um ser único.

Note que é possível ser diverso sem ser inclusivo, o que é chamado de *cosmetic diversity*, diversidade somente para aparecer. A diversidade por si só não basta. E se as corporações querem colaboração entre os times, é bom que tenham esses conceitos bem definidos.

Colaboração, engajamento, diversidade e inclusão são tijolos que fazem parte do mesmo muro. Tire um deles e a estrutura estará comprometida. Tenha todos e verá uma corporação saudável, engajada, diversa, que gera mais receita que a concorrente, que proporciona um ambiente seguro e agradável ao seu funcionário, onde ele vai querer estar por ser um ótimo lugar, não somente para garantir o seu salário.

Esse funcionário estará engajado e pronto para dar tudo de si à empresa, pois a companhia acreditou nele. E temos aqui um círculo: da colaboração até a diversidade e inclusão.

ENGAGE for Business

Outro tema, intimamente ligado ao conceito que estamos trabalhando aqui, é o engajamento. Ele caminha de mãos dadas com a colaboração, de modo que não podemos ter um sem o outro. Uma equipe que colabora entre si e dialoga com outros setores da empresa gera engajamento e incentivo para todos.

Quando a liderança sabe utilizar isso a seu favor, a equipe pode atingir resultados maiores e melhores em menos no tempo. Vamos usar duas palavras inglesas para exemplificar o conceito de colaboração: *team player* e *lone wolf* (lobo solitário).

O *team player* é aquele que se importa com cada membro de sua equipe, busca os melhores resultados para todos e para si mesmo, incentiva os outros, se importa com eles e não deixa ninguém para trás.

O *lone wolf* ou lobo solitário é aquele que é exatamente o oposto do *team player*. Faz tudo sozinho, busca atingir resultados individuais e apenas para si, muitas vezes no intuito de sair na frente dos outros colaboradores, e não tem comprometimento com a equipe. Acredite, você não vai querer ter ele trabalhando no seu time.

Quando os colaboradores se esforçam para trabalhar em equipe, somando experiências, talentos e criatividade, há uma complementariedade entre eles. A partir desse ponto, a empresa deixa de ser aquele lugar onde as pessoas estão somente pelo salário, e se torna um local de aprendizado significativo e desenvolvimento pessoal, gerando cada vez mais engajamento.

O senso de pertencimento a um grupo de pessoas, ou seja, à equipe que o colaborador trabalha, faz com que todos se tornem mais motivados, mesmo com os desafios mais difíceis. O resultado dessa colaboração vai para onde todos gostam de olhar: as planilhas de resultados financeiros, com excelentes números.

Segundo artigo da Harvard Business Brasil, empresas colaborativas registraram um aumento de produtividade anual de 10% e reduziram as taxas de erro em 75%, no decurso de seis anos, e, neste tempo, tornaram seus produtos mais inovadores e sofisticados.

Ian McDermott e Michael Hall, no livro "Liderança colaborativa", mostram como a colaboração é a base para o trabalho em equipe ser eficaz, além das emoções positivas que são geradas conforme as pessoas descobrem que podem ser mais criativas, respeitando a diferença no processo colaborativo.

Invista tempo em criar um ambiente de confiança, envolvendo e engajando os colaboradores para que possam se harmonizar com o propósito da empresa, construindo de forma colaborativa a cultura da inclusão.

Confira algumas dicas para você que é líder e quer tornar o ambiente mais colaborativo e inclusivo:

Cristina Kerr

1. Durante as reuniões, permita que todos colaborem. Abra-se às novas ideias, para a multiplicidade de talentos e opiniões que estão na sala. Ouça atentamente os pontos de vista, principalmente os que são diferentes do seu. Não ignore nenhuma sugestão. Uma ideia inusitada pode se transformar numa grande inovação.

2. Não interrompa ninguém e não deixe que os demais colaboradores façam isso. Dessa forma você cria um espaço de respeito entre as pessoas, onde o diálogo fará emergir a inteligência coletiva do grupo. Um ambiente colaborativo e inclusivo cria um forte engajamento entre você e a sua equipe, trazendo um novo olhar para uma cultura inclusiva.

3. Desenvolva a empatia. Eu acredito que essa é uma das habilidades mais importante de um líder inclusivo. A empatia é a capacidade de entrar no mundo de alguém, fazendo a pessoa sentir que você compreende seus pensamentos, sentimentos e emoções. É necessário ouvir atentamente, sem julgamento ou preconceitos. A empatia promove uma melhora significativa nas relações interpessoais, pois cria uma forte conexão entre o líder e seus liderados

O líder inclusivo valoriza a diversidade, aceita as diferenças e cultiva os laços de confiança.

Por meio do meu trabalho, tenho visto corporações inteiras serem impactadas por esse conhecimento, e o amanhecer da diversidade e da inclusão está cada vez mais próximo.

Meu lema principal é: os incomodados que mudem o mundo. Você é um incomodado? Espero que sim, pois as corporações precisam deles.

Afinal, como você quer ser lembrado nas empresas por onde passar? Qual é o legado que você quer deixar?

Referências

GOWRI SHANKAR, Premila & SEOW, Jean Lin. *The association between accounting students' lone wolf tendencies and their perceptions, preferences and performance outcomes in team projects*, 2010.

HAY GROUP. *Diversidade: inclusão ou estratégia?* Disponível em: <*https://hbrbr. uol.com.br/diversidade-inclusao-ou-estrategia/*>. Acesso em: 12 de jun. de 2019.

MCDERMOTT, Ian & HALL, Michael. *The collaborative leader: the ultimate leadership challenge*, 2016.

MLODINOW, Leonard. *Subliminar: como o inconsciente Influência nossas vidas*. Editora Zahar, 2014.

ENGAGE for Business

Capítulo 06

Superconexão com um propósito de vida

Neste capítulo, o leitor encontrará exemplos de superconectividade no âmbito pessoal e profissional. Utilizá-la de forma consciente e tê-la como propósito de vida significa a busca ininterrupta para ajudar e encontrar oportunidades em todos os momentos. Ao final do dia, os vínculos sairão mais fortalecidos e as relações maximizadas, em um jogo em que todos ganham, principalmente você mesmo

Daniel Asakura

ENGAGE for Business

Daniel Asakura

Graduado em Engenharia Mecânica (1999) e em Contabilidade (2007), com pós-graduação em Administração (CEAG) pela FGV (2001) e MBA em Finanças Corporativa pela FIA (2006). Membro da ENGAGE for Business, *é certificado* Six Sigma Black Belt e possui certificações de *Pricing* pela Professional Pricing Society e de *IFRS* pela ACCA Global. Profissional financeiro com mais de 25 anos de carreira, trabalhando em grandes corporações, com extensa experiência em gestão de pessoas, implementação de projetos complexos e fusões & aquisições, onde a aplicação do conceito de superconectividade foi e continua sendo essencial no ambiente corporativo, empresarial, assim como no lado pessoal.

Contatos
daniel.m.asakura@gmail.com
Skype: daniel.asakura
LinkedIn: Daniel Asakura

Daniel Asakura

Desde sempre fui um entusiasta em fazer conexões, mesmo que de forma inconsciente. Sentia uma grande satisfação quando fazia "a ponte" entre crianças desconhecidas, que logo estavam a brincar como se conhecessem umas às outras há tempos.

E assim continuou no colégio e faculdade, seja nos trabalhos escolares, como monitor de matemática ou inglês, na formação dos times para os campeonatos internos e feiras culturais, liderando atividades intercoloniais ou como capitão de uma equipe de beisebol, até ingressar no mundo corporativo, quando finalmente pude entender e aplicar as conexões de uma forma mais estruturada, aliando a teoria à prática.

Mas afinal, o que vem a ser conexão? De acordo com o Dicionário Houaiss:

Conexão: sf 1. ligação, união, conexão; 2. Vínculo; 3. Peça que une dois ou mais dispositivos. *ETIM lat. connexĭo,ōnis* 'ligação, conclusão de um silogismo, associação'.

De certa maneira, todos nós nos conectamos, isso faz parte de nosso dia a dia, em maior ou menor grau. Mas a superconectividade é algo que vai além, é uma relação profunda entre pessoas, que ultrapassa a superfície, cruzando algumas fronteiras e criando uma compreensão emocional. Inicia-se por meio das interações, criação de confiança e principalmente de compartilhamento, seja de ideias, de contatos, de forma autêntica.

Na superconectividade, não é somente o que é feito, mas principalmente o como é o mais importante. Isso contribui para uma relação duradoura e perene.

Colocando de uma forma um pouco mais estruturada:

O quê?

Superconectividade é ter como um dos propósitos de vida a conexão entre pessoas e negócios por meio da colaboração e compartilhamento (de sua rede de contatos, de seu conhecimento, experiência profissional e de vida).

Para quê?

Criar um ambiente em seu entorno que se retroalimenta. Em um primeiro momento, talvez você não seja beneficiado com uma ajuda de

ENGAGE for Business

igual valor ou remunerado de alguma forma, mas praticando continuamente, isso certamente voltará potencializado! Você atrai o que vibra.

Como?
- Entender as reais necessidades e demandas envolvidas. Às vezes isso pode não estar claro (muitas vezes as pessoas solicitam ajuda ou suporte e não têm clareza do que realmente necessitam).
- Entender as causas raízes do problema ou necessidade, em vez de somente identificar os sintomas ou efeitos.
- Focar a energia no que realmente importa e no que irá trazer o resultado esperado (a sempre eficiente regra de Pareto 80/20).
- Usar toda a sua expertise e experiências vividas para realizar as análises e conexões significativas.
- Ter uma rede de contatos rica e ativa.
- Facilitar positivamente as conversas para criar desafios, fazendo as perguntas certas e incentivando a tensão criativa.
- Encorajar o pensamento inovador: "Será que a solução não pode ser feita de qualquer outra maneira?".
- Analisar se está em posse de todas as informações necessárias ou se necessita de algo mais para poder auxiliar da melhor forma possível.
- Pensar fora da caixa e considerar conexões cruzadas: a solução da necessidade de um investidor pode ser encontrada com um dos seus parceiros de tênis de campo quando se encontram aos finais de semana.
- Olhar o todo, de modo a ter uma orientação futura: quais os possíveis desdobramentos positivos (e eventualmente negativos) que a superconexão pode acarretar.

Colocando o conceito em prática
No mundo corporativo, cito a participação de um projeto complexo em que atuei como um dos líderes de negócios na implementação de uma nova plataforma de sistemas, que consistiu em uma atualização do sistema ERP (SAP) – sistema integrado de gestão empresarial, além de outros sistemas globais de suporte, em conjunto com a fusão de duas entidades legais.

A implementação de um sistema ERP por si só já é um projeto complexo, que envolve muitos detalhes, quase todos os departamentos e pessoas com os mais diversos conhecimentos. Não é uma tarefa fácil, nem mesmo para grandes empresas que possuem profissionais experientes na implantação de *softwares*.

E por incrível que pareça, os maiores desafios e dificuldades não estão atrelados a questões técnicas (complexidade do funcionamento deste sistema e limitações técnicas de implementação para aderir a certos processos específicos da empresa), mas sim de como o

Daniel Asakura

projeto é tratado (se com a devida prioridade dos líderes da empresa) e, principalmente, por conta das mudanças envolvidas e como isso afeta a cultura organizacional da empresa.

É nesse aspecto que podemos aproveitar ao máximo o conceito da superconectividade. Geralmente há uma visão míope de que o ERP é uma solução pronta, na qual basta "apertar o botão de ligar" que os novos processos já saem funcionando perfeitamente... não é como uma máquina de lavar que basta instalar e sair operando. Devido a esse viés, em muitas implementações dessa magnitude há pouca ou nenhuma participação dos dirigentes da empresa.

O(A) superconector(a) deve usar sua habilidade para ser o elo entre os dirigentes e a equipe de implementação do projeto, garantindo o comprometimento dos líderes em fornecer o suporte adequado em termos de recursos (pessoas, tempo, financeiro) em cada fase do projeto. Deve fazer também a conexão entre a equipe técnica e a equipe de negócios, para garantir que todo o tecnicismo inerente a uma implementação dessa magnitude seja absorvido da melhor forma pelas diversas áreas da empresa, ou seja, garantir que as questões técnicas sejam traduzidas em termos e processos facilmente entendíveis pelo negócio.

Uma outra questão é que muitas vezes os processos-chave não estão devidamente documentados, mas sim na cabeça de algumas pessoas da organização. Isso funciona de forma razoável em pequenos negócios e em empresas onde não exista um sistema integrado, já que muitas vezes (ou às vezes) o próprio dono fiscaliza o processo e toma as devidas providências para que cada etapa seja seguida à risca, de acordo com o seu conhecimento.

Dependendo da circunstância, as etapas podem ser alteradas informalmente ou mesmo abreviadas, e exceções podem ser executadas com o mínimo esforço e sem grandes consequências ou transtornos ao objetivo final.

Já uma grande empresa com um sistema ERP não possui toda essa flexibilidade; em uma implementação, todos os processos necessitam ser padronizados e todos os cenários possíveis devem estar previstos para ter o seu respectivo tratamento.

Como regra geral, não pode haver exceções e, se porventura houver, precisam estar previstas. O(A) superconector(a) entra no circuito para garantir que as pessoas certas participem ativamente do desenho e formalização/documentação desses processos, e usar a sua habilidade de conexão e facilitador para fazer com que os indivíduos das várias áreas envolvidas não trabalhem em silo, mas por um bem maior, que é garantir a execução adequada do processo do início ao fim.

ENGAGE for Business

Além disso, o(a) superconector(a) pode suportar as mudanças no comportamento das pessoas por meio de comunicações claras a todos os funcionários no decorrer do projeto, garantir que os usuários do sistema tenham uma participação ativa no processo de implantação, além do desenvolvimento e realização dos treinamentos para que as mesmas tarefas de hoje possam ser realizadas agora utilizando uma nova ferramenta.

Nesse caso, o papel de líder do projeto como superconector(a) por si só não consegue garantir a excelência quando na entrega do projeto, já que são várias as partes envolvidas, além de diversas variáveis. Mas agindo dessa forma, certamente ele(a) prestou um valioso serviço à empresa ao realizar todos os esforços de conexão, relação e interações para chegar o mais próximo do objetivo final ao se envolver na mudança organizacional (que envolve alterações comportamentais nas relações entre pessoas e departamentos), nos esforços de engajar a diretoria na implantação do sistema (requer mudança de mentalidade, visão e, novamente, mudança comportamental) e trabalhar nas relações durante todas as etapas do projeto, inclusive treinamento, comunicação e estabilização do sistema pós-implementação.

Com isso, o(a) superconector(a) tem o ambiente e comprometimento necessários para superar os (vários) entraves que ocorrem durante todo o período de implementação.

No ambiente empresarial, para maximizar a utilização da superconexão, aplico um conceito que aprendi há tempos com um grande gestor, a quem admiro e tenho como uma referência. Ele me dizia: tenha sempre um propósito em tudo o que for fazer em sua vida.

O que ele quis dizer com isso? É que independentemente do ambiente ou local em que se encontra, seja no lado pessoal ou profissional, tenha sempre em mente uma finalidade ou intenção clara. Aplicando ao nosso caso, é escutar atentamente as pessoas ao redor e identificar oportunidades para ajudar, fazer a ponte entre uma oferta e uma demanda, nem sempre tão claras.

Pode ser em um jantar com familiares, um chope com amigos, uma reunião de confraternização da empresa, conversa com colegas de empresa durante a pausa para um café, evento ou feira especializada... Em todo lugar e momento sempre haverá oportunidades para ajudar alguém, buscando realização de negócios benéficos a todas as partes envolvidas ou encontrando a solução para alguma demanda (às vezes as pessoas não sabem de suas necessidades, então boas circunstâncias podem ser criadas durante uma simples conversa de bar, basta estar atento e escutá-las de forma genuína) ou simplesmente conectando pessoas, focando em relacionamentos duradouros.

Colocando em prática, houve um caso em que necessitava de um novo recurso para meu time e me lembrei de um dos colegas do MBA, muito esforçado e comprometido. Contratei-o para a posição.

Daniel Asakura

Trabalhamos juntos e criamos uma relação de confiança. Depois tomamos rumos diferentes, ele se enveredou no empreendedorismo, necessitava de suporte e dessa vez foi ele quem me procurou. Resultado? Viramos parceiros de negócios.

Há também a relação criada com vários pais das amiguinhas da escola de minhas filhas que, ao nos encontrarmos nas festinhas de aniversários, começamos a nos conhecer mais profundamente. Dessas conversas surgiram bons negócios, oportunidades de transações comerciais, indicações para vagas de trabalho, trocas de conhecimento, "consultorias" informais e, o principal, a amizade!

Ação e reação

O estado da arte para um superconector é ser capaz de estar sempre procurando oportunidades e maneiras para ajudar os outros, pelo simples fato de buscar um bem maior. Não se trata de um "toma lá dá cá", em que se espera reciprocidade do ajudado, mas sim a pura e simples satisfação de fazer a diferença na vida de alguém.

Dessa forma, ao ter conversas verdadeiras e profundas com pessoas, ganhando confiança pela forma como se expressa e, acima de tudo, pelos seus atos e atitudes, inicia-se o processo de conectar-se emocionalmente com elas, compartilhando todo o seu conhecimento, agregando valor e se estabelecendo como alguém com abundância de capital social, que é o valor das conexões de uma rede social englobando confiança, cooperação e inovação.

Seja no mundo empresarial, seja no ambiente corporativo, o número de superconectores vem crescendo de forma consistente, quebrando conceitos antigos do "faça você mesmo, seja autossuficiente" e direcionando as relações para um ambiente de cocriação, no qual os princípios da rede colaborativa são exaltados.

Esses princípios, a saber: abertura (flexibilidade, liberdade, envolvimento), colaboração (o melhor exemplo são as redes colaborativas que atuam de forma integrada e compartilhada), integridade (que se dá com os valores honestidade, consideração, responsabilidade e transparência), compartilhamento (de dados, conhecimento, conteúdo, relacionamento, oportunidades) e interdependência (tudo está ligado, há uma relação clara de dependência entre as pessoas, organizações, sociedade, em que uma ação impacta todos de forma sistêmica, como uma onda), fazem a diferença entre o relacionar e o (super)conectar.

Eu convido você, leitor, a se tornar um superconector. Tenho a convicção de que ao dedicar uma certa atenção e energia para isso, atrairá boas vibrações para sua vida pessoal e profissional. Pois como já dizia Catherine Ponder: "o que você irradia para fora em seus pensamentos, sentimentos, imagens mentais e palavras, você atrai para sua vida".

ENGAGE for Business

Capítulo 07

A potencialidade do *networking*

Alcançando resultados incríveis
pelo entrosamento, diálogo e parcerias

Emiliano Barelli

ENGAGE for Business

Emiliano Barelli

Graduado em 1996, em Engenharia Mecânica pela USP. Pós-graduado em Gestão Empresarial pela FGV em 2001 e MBA pelo MIT, com ênfase em Inovação e Sustentabilidade em 2014. Fez carreira em empresas multinacionais de bens de consumo. Inicia na Nestlé como analista de Processos, formando-se auditor ISO 9000 e especialista TPM. Entre 1999 e 2000, é expatriado para o Peru e Colômbia e lidera projetos de produtividade. Contratado pela Natura, entre 2000 e 2004, inicia como engenheiro de Processos e evolui para supervisor de Produção e gerente Industrial, focando em melhoria contínua, *Lean* e 6σ. Entre 2005 e 2010, já em P&D Embalagem como gerente sênior, especializa-se em Materiais de Embalagem e Sustentabilidade. Em 2014, inicia na PepsiCo Foods como diretor de P&D *South America*, coordenando projetos de Inovação e Produtividade. Em 2018, na Danone *Waters* do Brasil, torna-se responsável pela área de P&D e *Health Science*, *sponsor* do processo de Inovação e pela gestão da Sustentabilidade.

Contatos
emilianobarelli@hotmail.com
LinkedIn: emilianobarelli

Emiliano Barelli

> Em uma empresa, a coordenação com os outros é agora o *modus operandi*. Você é recrutado, revisado e recompensado pelo que pode realizar com outras pessoas. Especificamente, os gestores que possuem *network* rico em "falhas estruturais" podem receber informações privilegiadas que fornecem autonomia e controle. Basicamente tais informações aumentam o poder da influência deste gestor, criando oportunidades mais gratificantes em comparação com o desempenho dos seus colegas. Nesse caso, os benefícios de tais informações e o controle de falhas estruturais são uma vantagem para os gerentes; e aqueles que desenvolvem tais benefícios são ativos para o negócio. Christakis, Burt, Ronald S. (1995). *Structural Holes: The Social Structure of Competition*, pp. 115-130

Desde a criação da empresa, a sustentabilidade já ocupava lugar de destaque no discurso de negócio. Nos anos 2000, o tema tinha se tornado um dos grandes trunfos da companhia e claramente um dos diferenciadores estratégicos frente à sua concorrência.

Um dos maiores êxitos neste campo foi a introdução da análise do ciclo de vida para embalagens. Ano após ano era possível avaliar se o portfólio de produtos diminuía seu impacto ambiental. Com isso, podia-se acelerar a tomada de decisões pelos *stakeholders* internos, para evolução da responsabilidade socioambiental.

Eu trabalhava na área de Desenvolvimento de Embalagens há alguns anos e percebia uma notável evolução na minimização do uso de materiais para embalagens dos produtos regulares. O mesmo não se via com as embalagens de refis.

Em todo lançamento de produtos que necessitava de novo *design* de embalagem, a área técnica de P&D embalagem propunha, com sucesso, o uso de novas matérias-primas e processos de manufatura para os produtos regulares, reduzindo-se sensivelmente seu impacto

ENGAGE for Business

ambiental, geração a geração. Entretanto, nunca se fazia o mesmo para seus respectivos refis.

Isso era explicado pelo intenso foco ambiental em cada lançamento, quando a condição estrutural era de não gastar esforços nas embalagens de refis, já que as mesmas existiam desde muito tempo, funcionavam relativamente bem e eram utilizadas em muitas linhas de várias categorias de produtos.

Nenhuma unidade de negócio sentia-se responsável pelas embalagens dos refis. Para sua evolução, seria necessário grande investimento, com o desenvolvimento de um *design* e funcionalidade que obrigatoriamente deveriam servir para todos os produtos daquela empresa. Era um esforço que aparentemente não compensava.

Tudo ia bem até o ano de 2008. Porém ao medir a análise de ciclo de vida em um dos projetos de inovação, verificou-se pela primeira vez que o impacto ambiental das embalagens regulares havia se tornado menor do que o das embalagens de refis.

Eu, sendo o responsável técnico daquele projeto, busquei imediatamente o meu gestor e o líder do projeto para avisá-los sobre aquela novidade. Com o fato consumado, recebi o desafio de desenvolver uma embalagem para os refis da empresa, que pudesse ser usada transversalmente para a maior parte das categorias de produtos. Ao mesmo tempo deveria resolver o dilema ambiental também, melhorando a usabilidade pelo consumidor, e que fosse mais barata do que as embalagens existentes.

Como desafio, aquilo era incrível, e eu, como grande apaixonado pela sustentabilidade, somente pedi uma parte do orçamento da área técnica para começar o projeto. Busquei suporte na biblioteca de embalagens da Associação Brasileira de Embalagens, também em nossos fornecedores, e realizei uma grande *desk research*. Em poucas semanas, já sabia quais materiais e processos de manufatura poderiam ser utilizados para a solução do problema.

Chegava o tempo de convidar duas agências de *design* criativo para o desafio de construir a nova embalagem, sob os preceitos técnicos levantados. Até aquele momento, meu trabalho era conhecido por poucos internamente na empresa. Estava focado em encontrar a melhor solução técnica e com custos adequados às necessidades do negócio.

Meu gestor conhecia os avanços daquela pesquisa e me orientou a criar uma apresentação para o *board* de diretores de *marketing*, que seriam os tomadores de decisão para a implementação do futuro projeto.

Ao final de três meses desde o início do desafio, estava com duas excelentes propostas de *design*. Uma delas era claramente disruptiva, e a outra, também inovadora, mas que manteria os materiais e os processos de manufatura sem mudanças.

Emiliano Barelli

Enfim, chegava o dia da apresentação aos diretores de *marketing*. Tinha recebido meia hora para surpreender os executivos e ganhar um *Go Ahead* para a implementação do projeto. Eu havia repassado a apresentação ao meu gestor várias vezes, sentia-me confiante e havíamos concordado que a proposta mais inovadora seria a defendida.

Ao final da reunião, um desastre. Nenhuma das propostas apresentadas foi aprovada. Claramente eu não tinha conseguido surpreender positivamente nenhum daqueles líderes. Ambas as propostas foram duramente criticadas, seja pelo grau tecnológico apresentado, seja pelo seu *design*. Somente a redução de custos parecia ter algum atrativo.

Recordo-me até hoje que um dos líderes de *marketing*, durante a reunião, perguntou-me se eu estava querendo transformar aquela empresa em uma fábrica de molho tomate. Obviamente não houve resposta àquela pergunta. Finda reunião, recolho todos os estudos, apresentações, cálculos técnicos, estimativas de custos, arquivando-os em uma de minhas gavetas da mesa de trabalho.

A sensação de frustração era enorme. Meu gestor e eu tínhamos sido incapazes de previamente envolver, comunicar, orientar, construir alianças e explicar aos tomadores de decisão sobre quais seriam os benefícios que cada um deles poderia ter ao suportar aquela inovação.

Informei no mesmo dia ao meu chefe que não retrabalharia o projeto de pesquisa. Na minha visão, a organização não estava preparada para tal proposta. Não havia claros incentivos para as unidades de negócio, e assim nenhum de seus líderes abraçaria a nova causa. E sem nenhuma dúvida, houve uma brutal inabilidade de minha parte para a construção de alianças prévias para aquela reunião decisiva. Após aproximadamente um ano, ainda me sentia indigesto pela perda daquela oportunidade de negócio. Seguia atento às necessidades internas e externas de inovação e diferenciação. Nos corredores da empresa, deparei-me com uma conversa sobre a internacionalização de parte do portfólio de produtos para a Europa.

Soube que uma pesquisa com consumidores europeus tinha trazido à tona uma clara crítica sobre a embalagem dos refis. Consumidores de mercados mais maduros entendiam que nunca um refil poderia pesar ou ser mais resistente que a embalagem do produto regular. Aí estava minha nova chance.

Naquele tempo, mais da metade dos líderes de *marketing*, que haviam participado da reunião por mim apresentada um ano antes, já estavam em outros postos ou mesmo fora da empresa. Incluindo meu gestor, que havia sido transferido de área, então eu era o novo líder da equipe de desenvolvimento de embalagens.

Certamente não poderia desperdiçar aquele novo *momentum*. Sendo assim, entreguei todo o estudo feito para a nova embalagem de refil à minha recém-promovida gerente da categoria de cuidados pessoais.

ENGAGE for Business

Aprendido que o *networking* poderia ser o meu melhor aliado, muito rapidamente me reuni com o *brand manager* para explicar quais benefícios ele teria ao incluir o refil no *redesign* da linha de produtos de cuidados pessoais. Em seguida, envolvi os fornecedores da embalagem com a área de compras, juntamente com representantes da nossa fábrica e da engenharia.

Na reunião de *kickoff*, foram apresentados por mim o desafio e a grande oportunidade de resolvermos vários dilemas antigos da organização. Decidimos por fim nos encontrar com regular frequência. Então, dialogávamos abertamente sobre as possibilidades técnicas, os custos, a usabilidade da nova embalagem pelo consumidor, os custos e, finalmente, como poderíamos reduzir drasticamente o impacto ambiental.

Minha gerente habilmente me ajudava na busca e apresentação da evolução dos aprendizados técnicos, e eu, frequentemente e de maneira formal e informal, conversava e envolvia os gerentes seniores e os diretores de cada uma das áreas impactadas.

Todos os representantes de cada área aportavam com propostas apaixonantes. A área de compras proativamente propôs pensarmos em uma terceirização da manufatura do refil, já que nossas fábricas estavam quase totalmente ocupadas.

A engenharia da empresa engajou-se com a área de manufatura terceirizada e com os fornecedores de embalagens e de equipamentos para encontrar a melhor solução tecnológica de fabricação e envase.

Finalizada a análise técnica, debruçamo-nos sobre a análise de custos. Facilmente percebemos que a nova embalagem era 25% menos custosa por unidade, além de 70% menos impactante para o meio ambiente, quando comparada com a que estava vigente.

Enfim, usando os resultados da pesquisa com consumidores europeus, somados às soluções técnicas de embalagem e aos custos claramente menores que os atuais, decidiu-se no comitê de produtos o *Go Ahead* para o desenvolvimento do novo refil.

Avançávamos seguros de que nossa proposta seria vencedora. Naturalmente vivemos contratempos durante a implementação do projeto, que foram vencidos pelo excelente grau de entrosamento de todos os participantes internos e externos. Em quase todo o desenvolvimento do projeto, o senso de *ownership* estava instalado. Vários níveis da organização acreditavam na proposta. Era questão de pouco tempo para vermos a nova embalagem na rua.

Todos apostávamos que aquela ideia seria vencedora, tanto pela ótica do consumidor brasileiro quanto pela abertura de portas para uma internacionalização de sucesso. Enfim, chegado o dia do *startup* de linha, vimos nascer uma nova linha de refis para a empresa.

Emiliano Barelli

Atendia-se finalmente às necessidades do *briefing* do projeto, nascido originalmente daquele desafio de anos antes. Facilitado pelo prévio estudo técnico da solução, pela nova necessidade do negócio, associados à mudança dos tomadores de decisão, que escutaram a voz dos consumidores internacionais.

E, enfim, pela perseverança e crença na sustentabilidade, aprendemos o valor da potencialidade do *networking*, na abertura para o diálogo e na colaboração entre pessoas de diferentes áreas. Comportamentos necessários e decisivos para a substituição da embalagem refil, agora em *standup pouch*, resultando em um grande sucesso de vendas daquela nova linha de produtos lançados no mercado em 2010.

ENGAGE for Business

Capítulo 08

O desafio da conectividade cultural

Tanto na vida pessoal quanto na profissional, vivemos em altos e baixos, com momentos de dificuldade, como também de prosperidade. No entanto, está cada vez mais evidente que contarmos com a ajuda e a experiência das pessoas, principalmente de diferentes pensamentos e habilidades, facilita a nossa passagem e certamente a busca pelos nossos objetivos. Neste capítulo, você verá como foi possível enfrentar a crise no mercado de aviação após os atentados do 11 de Setembro

Erik Frank Linzmaier Nogueira Lima

ENGAGE for Business

Erik Frank Linzmaier Nogueira Lima

Engenheiro mecânico formado pela FATEC/UNESP, com pós-graduação em Engenharia de Petróleo e Gestão Ambiental, MBA Executivo pela COPPEAD-RJ, certificado no curso *Leader as Coach* pela Columbia University. Experiência em mais de 20 anos no mercado de Aviação e Distribuição de Combustíveis Automotivos, gestão de pessoas e formação de times pluriculturais.

Contatos
erik.linzmaier@gmail.com
LinkedIn: Erik Frank
Twitter: @eriklinzmaier
(21) 97131-0127

Erik Frank Linzmaier Nogueira Lima

Entender diversas culturas pode parecer fácil, mas engajá-las para um mesmo propósito requer mais do que dedicação, empatia e liderança. É preciso paixão e entrega completa a essa missão.

As empresas de hoje estão cada vez mais preocupadas com a formação de uma cultura e identidade que não somente se reflita na perpetuação de seus negócios, como também atraia e retenha bons talentos. A diversidade de gênero nunca foi tão valorizada, assim como as diferentes ideias e opiniões. No entanto, sabemos que existe um grande espaço para desenvolvimento se considerarmos a lacuna a ser ocupada pelos diferentes gêneros.

A vivência que irei descrever logo mais ocorreu há mais de 10 anos, época em que a empresa buscou implementar a conectividade entre as pessoas e a valorização das diferentes culturas e formas de pensamento. No entanto, houve uma grande resistência no começo, pois como seres humanos tendemos a proteger o nosso espaço, a nos acomodar ao *status quo*, a defender as nossas ideias e opiniões, e nem todo mundo está aberto a novos desafios e experiências.

Muitas vezes precisamos passar por uma crise ou um grande desafio para sairmos da inércia e deixarmos de lado o nosso orgulho para trabalhar em equipe e ajudarmos uns aos outros. E é nesse contexto que irei desenvolver a experiência a seguir.

Cenário de aviação

O mercado global de aviação sofreu grande turbulência no início dos anos 2000, principalmente após os atos terroristas do 11 de Setembro, tendo como resultado a queda do número de passageiros transportados depois de anos de crescimento. Vale ressaltar que não somente as companhias aéreas foram afetadas, mas todas as empresas que prestam serviços na área, tais como *catering*, *duty free*, lojas e restaurantes nos terminais de passageiros e as distribuidoras de combustíveis de aviação, que reduziram suas operações na mesma proporção.

No Brasil não foi diferente, grandes empresas que historicamente dominavam o mercado foram afetadas, encerrando suas operações e deixando de existir. Dentre elas, a Transbrasil foi a primeira a encerrar

ENGAGE for Business

suas atividades em dezembro de 2001, seguida pela VASP, que depois de anos agonizando, finalizou suas atividades em janeiro de 2005, e a lendária VARIG, que também terminou suas operações em julho de 2006.

Com esse cenário caótico da aviação mundial, o desafio do mercado de combustíveis de aviação era sobreviver a essa retração até a sua estabilização e posterior recuperação, uma vez que havia um grande potencial de desenvolvimento e crescimento, principalmente no Brasil, com uma demanda reprimida. Na contramão dessa crise, empresas como Southwest e GOL Linhas Aéreas potencializaram o segmento de companhias *low cost* (baixo custo) e mostraram que é possível pensar fora da caixa e encontrar maneiras diferentes e rentáveis de se fazer negócio.

Nesse período, eu trabalhava numa grande distribuidora de combustíveis e lubrificantes de aviação, fornecendo produtos e serviços de abastecimento para companhias aéreas nacionais e internacionais, cargas, malote, militar e aviação executiva, com jatos privados e pequenos táxis aéreos.

A matriz da empresa ficava fora do País e suas operações eram pulverizadas ao redor do mundo, com autonomia e relativa descentralização das decisões. Cada país trabalhava em seus respectivos silos, com seus próprios objetivos. Embora houvesse um procedimento único para as operações, os padrões eram distintos, muitas vezes com equipamentos antigos, alto índice de acidentes, crise de suprimento de produto, problemas de manutenção dos equipamentos e alto custo das operações.

Planejamento estratégico

Diante desse cenário macroeconômico do mercado de aviação e de forma a melhorar a *performance* no negócio de aviação, a empresa tomou a decisão de consolidar as operações em *clusters*, criando 5 regiões espalhadas pelo mundo, com metas claras e definidas, planos robustos de crescimento, padrões operacionais e de segurança únicos e com linha de reporte à matriz. As regiões foram divididas em América Latina e Caribe, América do Norte, Europa, África do Sul e Oriente Médio e Austrália.

Na época, eu trabalhava em operações de aviação como responsável pela área de conformidade, padrões, treinamento e qualidade. O escopo anterior, voltado totalmente ao mercado brasileiro, foi ampliado e passou a abranger a América do Sul, América Central e Caribe. Com isso, para que pudéssemos traçar um plano de ação de melhoria, surgiu a necessidade de conhecer e entender as operações e suas particularidades, demandas e problemas.

Erik Frank Linzmaier Nogueira Lima

Entendendo as diferentes culturas e operações

Por conta do futebol, sempre achei que brasileiros e argentinos tinham a maior rixa entre os países e que trabalhar juntos numa mesma área seria um desafio intransponível. Ledo engano, acabei descobrindo que as diferenças entre chilenos e argentinos são muito maiores e atravessam a linha do esporte, com um histórico que não convém detalharmos aqui, mas que tornou o cenário ainda mais difícil, pois chilenos e argentinos tiveram que trabalhar num mesmo grupo, com a liderança da região no Brasil, mais especificamente no Rio de Janeiro.

Não há como negar que o início foi bastante difícil, desde criar sinergias entre as culturas distintas até a barreira da língua, pois quando achávamos que já estávamos acostumados a falar com os ingleses, nas frequentes teleconferências que tínhamos, encontrávamos uma grande dificuldade em entender os diversos sotaques e dialetos caribenhos. Como podem ilhas tão próximas geograficamente apresentar culturas e costumes tão distintos? Bem, toda história, incluindo a colonização de cada país, explica tais diferenças.

Para entender a cultura, nada melhor do que conhecer cada local, suas particularidades, problemas e desafios. Visitas a trabalho, de negócios, que não podem ser confundidas com passeios e acúmulo de milhas aéreas. Sem dúvida foram os anos em que mais viajei, para tristeza de minha esposa, que aliás foi bastante compreensiva e paciente.

Foi necessário gastar sola de sapato e bota de segurança para conhecer e engajar os principais *stakeholders*, clientes, autoridades aeroportuárias, agências reguladoras e órgãos ambientais, bem como as nossas áreas operacionais, tais como os postos de abastecimentos de aeronaves e terminais de distribuição. Nas visitas, foi possível mapear as fortalezas de cada local e principalmente os *gaps* e necessidades para poder traçar um plano de ação eficaz. Dentre eles, as diferenças de padrão operacional e de segurança, de conhecimento técnico das atividades e necessidade de investimentos.

O clichê de onde viemos, onde estamos e para onde vamos foi fundamental para engajar os times dos diversos países, respeitando e valorizando as diferenças. Estas últimas costumam trazer novas perspectivas sobre as diversas questões e problemas a serem enfrentados, mas também dificultam a coesão e unificação do grupo e o alcance de acordos.

A diversidade é especialmente crítica quando as equipes estão engajadas em tarefas de solução de problemas e tomadas de decisões. Por outro lado, a heterogeneidade traz múltiplas perspectivas para a discussão, aumentando as chances de identificação de soluções criativas e únicas.

ENGAGE for Business

Vantagens e desvantagens da diversidade	
Vantagens	Desvantagens
Perspectivas múltiplas	Ambiguidade
Maior abertura para novas ideias	Complexidade
Interpretações múltiplas	Confusão
Aumento da criatividade	Deficiência de comunicação
Aumento da flexibilidade	Dificuldade de chegar a um acordo
Aumento das habilidades	Dificuldade de acordo sobre ações específicas

Fonte: N. J. Adler (ed.), International Dimensions of Organizational Behavior, 3 ed. (Cincinnati, OH: South-Western College Publishing, 1997), p. 100.

Mesmo com essa criticidade, não havia dúvidas de que a pluralidade cultural traria muito mais benefícios e resultados positivos do que problemas. Nessa época, contávamos com uma liderança muito presente e assertiva, que elevou a barra da qualidade e exigência, mas que também conseguiu motivar e extrair o máximo das equipes.

Estabelecimento de Metas / KPIs – Key Performance Indicators

Tudo o que pode ser medido, pode ser melhorado. Esta frase parece ser um processo simples, mas desenvolver metas bem definidas, alinhadas com os objetivos da empresa e, principalmente, motivadoras, é um desafio e tanto. Os indicadores precisam ser específicos, mensuráveis, alcançáveis, realísticos e com prazos apropriados. No inglês, denominamos SMART – *Specific, Measurable, Achievable, Realistic e Timely*.

Como os diversos países da região tinham metas distintas, o estabelecimento dos objetivos alinhados com a matriz e com KPIs cruzados entre as áreas fez com que pudéssemos alavancar resultados surpreendentes. Além disso, outro fator importante foi detalhar as metas para todos os níveis, de diferentes áreas, gerando espírito de dono nos funcionários, demonstrando os resultados frequentemente e realizando *follow-up* a cada trimestre, o que foi imprescindível para dar ciência do andamento das metas, cobrar resultados e corrigir possíveis desvios de rota.

Erik Frank Linzmaier Nogueira Lima

Plano de ação para atingimento das metas

Para conseguirmos atingir e superar as metas estabelecidas e implementar o planejamento estratégico de 5 anos, dividimos em 3 áreas de ação, de modo a conseguir proporcionar a conectividade e o engajamento das pessoas.

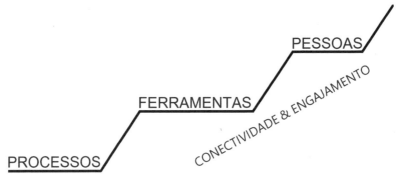

Processos

Padronização dos procedimentos operacionais e a elaboração de padrões de referência para cada atividade, tais como: compra de materiais, contratação de serviços, descarte de material etc.

Implementação de um sistema de conformidade, com inspeções operacionais e auditorias em todos os locais, tanto como *self-assessment* (autoinspeção), bem como auditorias externas e independentes.

Unificação e centralização da área de logística, de suprimentos e padronização dos SKU's dos produtos comercializados, tanto de combustíveis, como de lubrificantes.

Ferramentas

Investimento na padronização dos caminhões abastecedores.
Planilha de controle de custos.
Scorecard com os KPIs no sistema.
Implementação do SAP como sistema ERP – planejamento de recursos.
Divulgação de boas práticas e investigação detalhada e ampla divulgação das lições aprendidas com os incidentes.

Pessoas

Os treinamentos, por meio de cursos *on-line*, e principalmente nos módulos presenciais, foram fundamentais para ganhar o engajamento dos funcionários e estabelecer uma cultura de diversidade e de cooperação. Além disso, foi possível padronizar os processos e procedimentos, elevar o padrão e o nível de serviço das operações. Vale ressaltar que jamais imaginávamos ter

ENGAGE for Business

problemas com os sindicatos dos trabalhadores em relação a isso, mas tivemos um episódio específico na Argentina, onde o sindicato não aceitava um determinado treinamento de capacitação dos funcionários sem que houvesse uma contrapartida de aumento de salário e alteração de cargo. Foi necessário muito diálogo e demonstrar que a capacitação melhora a segurança da operação e, principalmente, a motivação dos funcionários.

A partir do momento em que houve um grande suporte operacional e o engajamento das pessoas com os diversos treinamentos realizados, a cultura organizacional começou a ser remodelada, criando um espírito muito forte de pertencimento daquele grupo e de cooperação. Além disso, a transformação e o desenvolvimento devem ser alcançados em blocos, grupos, pois de nada serve um local com um exímio padrão operacional e outro com sérios problemas e que podem resultar num acidente, causando danos às pessoas, ao meio ambiente e à reputação da empresa.

Foram anos de muito trabalho, mas de excepcional resultado. Foi possível melhorar todos os índices da empresa e andar na contramão da crise. Reduzimos os índices de acidentes com afastamentos a zero, eliminamos os derrames de produtos, além dos resultados financeiros de EBTIDA e ROACE melhorados a cada ano.

Tal incremento atraiu investidores de diversas partes mundo e convergiu para a estratégia global da empresa de focar nos investimentos de *Upstream* (Exploração e Produção de Petróleo) a despeito do *Downstream* (Refino e Distribuição). Com isso, a partir de 2007 iniciou-se um processo de venda das operações e o surgimento de um novo ciclo.

Fica como aprendizado que, para melhorarmos nossos resultados e criarmos um ambiente de desenvolvimento contínuo, é preciso trabalhar em grupo, criar uma conectividade entre as equipes e um senso de cooperação, de modo que todos se sintam donos do negócio, mas que priorizem o resultado do todo e não individual.

Essa experiência serviu de base para uma nova reestruturação organizacional na empresa e preparação para um novo cenário que se desenhou a partir de 2014, com uma nova recessão, só que dessa vez no Brasil, e que reforçou a tese de que é preciso estar em constante mudança, buscando inovações e diferentes formas de fazer negócios, pois a única certeza que temos é a de que o amanhã será diferente de hoje. E você, está preparado?

Referência

ROBBINS, Stephen P. *Comportamento organizacional*. São Paulo: Pearson Education do Brasil, 2005, p. 264.

ENGAGE for Business

Capítulo 09

Como a colaboração e as conexões emocionais ajudaram a turbinar a minha carreira

Demonstro aqui alguns projetos que foram potencializados com colaboração e conexão. Estratégias, dicas, a importância da criação de valor para o coletivo, revelando como perfis introvertidos e analíticos se conectam desde que haja um real e claro propósito para fazê-lo. Convido você, leitor, a esta viagem profunda para causar reflexão e dar opções de como melhorar *performance* e trabalho em equipe

Fabio Luiz C. Lima

ENGAGE for Business

Fabio Luiz C. Lima

Master Coach Integral Sistêmico, empreendedor, executivo com vasta experiência em Gestão Financeira, Controladoria, Contabilidade, Custos, Planejamento Financeiro e Tributário e processos, em empresas nacionais e multinacionais de grande porte de diversos setores. Com expertise em diagnóstico para identificação de oportunidades e realização de parcerias internas e externas ao negócio para montar plano de ação, visando atingir resultado esperado. Capacidade de visualizar a empresa de forma holística e sistêmica, pensar de maneira analítica, focado em resultado e cumprimento de metas, com liderança, habilidade de negociação, comunicação e efetividade. Formado em Ciências Contábeis-FEA-USP, MBA Gestão em Tributos – Confeb/Febracorp, Especialização em Formação Gerencial – FDC, MBA – Gestão em Finanças-FIA-USP, Pós-Graduação em Controladoria – Saint Paul Institute. *Master Coaching* Integral Sistêmico da Febracis e *Golden Belt*, complementam bagagem para impulsionar empresas e profissionais para *performance* superior e sustentável.

Contatos
www.lightconsulting.com.br
www.oseucoach.com/fabio.lima.228.02946027406293/
fabiolima@lightconsulting.com.br
+55 (11) 99883-7530

Fabio Luiz C. Lima

Costumava dizer que tive sorte em ter trabalhado em grandes empresas em momentos de transições. Mas essa sorte eu que busquei, pois fui e sou apaixonado por questões complexas, por entender que nas complexidades estão os aprendizados e por saber que poderia ajudar em algo realmente grandioso e marcante. Em início de carreira, essa energia e disposição são quase uma necessidade, e, para mim, todos os projetos foram encarados com a mesma energia, e até por uma questão de perfil comportamental e motivador, precisava de desafios preferencialmente grandiosos. Se não existiam, eu os criava.

Talvez para manter a chama e intensidade de um vestibulando, aprovado em ótima posição na melhor faculdade pública de contabilidade do País na época, o que exigiu empenho, dedicação, foco e superação nessa fase tão desafiadora.

Certamente, características do perfil, alinhadas a valores, crenças e tipo psicológico, foram fundamentais nessa fase e em todos os demais projetos durante a vida profissional. Esse autoconhecimento e principalmente conhecimento das características desse perfil, ajudaram-me, e muito, a melhorar minhas conexões, inclusive comigo mesmo, sabendo como eu melhor atuava em cada situação e a tendência de comportamento e reação em cada caso, conseguindo ajustar-me. Nos primeiros anos de trabalho, não sabia ainda correlacionar essas aptidões e características natas para meu benefício. Mesmo assim, foi possível detectar como elas se manifestaram em minhas relações e resultados. A seguir, ilustrarei essas situações em alguns momentos e empresas.

O primeiro projeto foi em uma companhia que precisava estruturar controles financeiros, uma construtora com elevado volume de obras em andamento e complexa rotina de gestão e controles. Eu atuaria na organização financeira e contábil. Para um estudante de contabilidade, sedento por corrigir problemas, essa situação por si só já seria motivadora, desafiadora e possibilitava um grande aprendizado, principalmente a aplicação do conteúdo aprendido na faculdade, podendo reproduzir durante o dia o aprendizado nas aulas noturnas, ajudando, assim, na fixação do conteúdo em ambos os ambientes.

ENGAGE for Business

Uma prática que mais tarde aprendi ser o ciclo de perícia, que consiste em estudos diários de uma hora e a aplicação do que foi estudado por nove horas. Assim, tanto o aprendizado foi mais rápido e consistente quanto desenvolvimento e resultados nas empresas.

As matérias do primeiro semestre se encaixaram perfeitamente ao que eu precisava arrumar na empresa, ganhando segurança para falar com os gestores o que precisaria ser feito e como.

Além de não ter processos e sistemas formais para os procedimentos internos, percebi que havia pouca integração ou conhecimento sistêmico dos responsáveis pelos departamentos – quase todos gestores.

A falta de comunicação e sinergia e a não programação das atividades eram comuns, sendo assim, dificilmente o projeto teria evolução sem conexão e integração. Comecei a perceber ali que sistemas, organização, alinhamentos e convergência de objetivos seriam fundamentais para que houvesse colaboração, e os resultados assim seriam atingidos.

Minha vontade e velocidade eram diferentes dos demais, tinha sede de aprender e mais ainda de resolver. Precisava fazer com que o que me foi pedido se tornasse missão de todos e, para isso, foi necessário compartilhar resultados e facilitar os trabalhos dos envolvidos. Passei a organizar atividades de forma a ter mais celeridade e sinergia entre os departamentos e assim disponibilizar informações padronizadas, processos seguros e ágeis. Afinal, quem não quer ser mais produtivo?

A estratégia ajudou a ganhar confiança dos times e da gerência, uma vez que estava dando algo a eles e, por reciprocidade, iriam colaborar com meu projeto de reorganizar informações para gestão. Dessa forma consegui, com a colaboração dos demais, evoluir no projeto e resolver por ora questões de controles financeiros. Por ora, pois, devido ao desempenho e empenho, fui indicado para integrar um projeto, este sim, nascido da necessidade estratégica, e que envolveria todos os departamentos, com resultados sentidos por todos: a implantação da ISO, que permitiria a aprovação de uma linha de crédito específica, e assim mais possibilidades de vendas seriam criadas.

Aprendi na prática o que Dale Carnegie cita em sua obra "Como fazer amigos e influenciar pessoas", que para que gostem de mim tenho que interessar-me verdadeiramente pelo outro, ser bom ouvinte e incentivar as pessoas a falarem sobre elas e seus problemas. Assim, pude trazer soluções, falar de itens que interessem aos outros e fazer algo verdadeiramente útil para essas pessoas. Eu as fiz se sentirem importantes.

Para o novo projeto, novamente teria a oportunidade de colocar aprendizados em prática. Agora em algo mais complexo, pois seria necessário entender, documentar e listar atividades e controles, no detalhe, e, junto com um auditor, conseguir ser o interlocutor entre os profissionais de diversos níveis e áreas, implantar novas soluções e reforçar a imagem do auditor como responsável por validar processos para certificação.

Fabio Luiz C. Lima

Ter a confiança das pessoas e o conhecimento das áreas, por conta do projeto anterior, facilitou grande parte do projeto. Ter boa aceitação e relacionamento com líderes, gestores e operários foi catalizador e facilitou a demonstração da importância do propósito para empresa (certificação ISO) com foco em entrega e qualidade.

Colocar os objetivos coletivos acima dos individuais foi algo que ajudou a gerenciar até mesmo o custo de agência. Isso facilitou que a empresa entregasse o que foi requerido e resultou em êxito no projeto.

Essas habilidades de relacionamento e conexões foram treinadas e aprendidas com resultados e podem ser usadas pelo leitor como referência, mesmo aquele que ache não ter habilidade nata de comunicação interpessoal. Esses exemplos podem mostrar que, sim, é possível.

Essa experiência de sucesso, pelo menos do meu ponto de vista, deu-me mais autoridade para potencializar o uso de conhecimentos técnicos em projetos futuros. E mais itens foram agregados a essas habilidades e aprendizados que continuam até hoje.

Em outro desafio profissional na área de gestão e contabilidade, percebi que seria possível usar os ensinamentos e alinhar objetivos gerais, novamente usando sorriso e simpatia para promover produtividade e desenvolver colaboração.

Já sabedor do poder do trabalho em equipe, e conhecendo as características de meu perfil, estava muito feliz e confiante, afinal, atuaria em um enorme banco multinacional, na área em que queria: contabilidade, controladoria. Um outro ambiente, desafios novos e maiores.

A primeira ação visando ganhar confiança das pessoas foi ser agradável. Novamente, como cita Carnegie em sua primeira lição: "Sorria". Foi o que fiz no primeiro dia de trabalho. Fui pessoalmente à mesa de 30 pessoas mais próximas apertar a mão, sorrir e me apresentar. Um choque para alguns, novidade para outros. Sequer houve uma reunião de apresentação e integração, mas muitos já me conheciam apenas pelo gesto de ter ido cumprimentá-los e sorrir.

O perfil dos profissionais na equipe era muito parecido. Um ambiente ainda em formação e cultura também adicionavam um clima de insegurança, pois um banco enorme havia comprado outro gigante, e nessa fase havia segregação de atividades. Grupos, sistemas, hierarquia e até de móveis no mesmo ambiente ainda eram diferentes, o que aparentemente seria mais desafiador para obter colaboração.

Trezentas pessoas em um andar e o silêncio era tamanho que podíamos ouvir alguém pegando água na copa, que ficava em local isolado.

Entrei nessa transição, na qual ainda não havia sido feita a sinergia das atividades. Minha função era justamente contribuir para essa sinergia e padronização de procedimentos de fechamento contábil e relacionamento com demais áreas para controle gerencial.

ENGAGE for Business

Mais uma vez a colaboração seria fundamental para sucesso do projeto. No caso, as relações tinham o auxílio de ferramentas eficientes para produtividade e entrega, além de cronograma de atividades. Havia um *timesheet*, em que os funcionários tinham que marcar as atividades que estavam fazendo, para o devido controle das horas trabalhadas para cada atividade. Óbvio que adorei esses controles todos, que permitiam melhorar a produtividade, manter o domínio e previsibilidade das realizações e entregas e dar ideia de quem fazia o quê.

A segregação de responsabilidade e relacionamento mais claro entre solicitante e executor ajudavam a checar exatamente o envolvimento dos indivíduos, facilitando a identificação de oportunidades e sinergias, além de ajudar a manter foco no plano macro.

Disciplina, organização, foco, alinhados com simpatia e bom relacionamento interpessoal, foram fundamentais para eu poder produzir grandes resultados em três meses, entregar os projetos e já ser cotado para efetivação na posição, já que havia sido contratado como estagiário.

Meu plano foi o seguinte: identificar quais atividades ninguém fazia ou queria fazer, as três empresas do grupo com maior histórico de dificuldades nas operações e fechamento e, também, as três atividades que mais chamavam atenção.

Atividades da empresa de cartão de crédito, das corretoras, distribuidoras e as sem fins lucrativos (fundações e institutos) eram as que apresentavam mais problemas, complexidade e pouco impacto de exposição. Acabei assumindo atividades de controles dessas empresas para, posteriormente, poder assumir outras atividades de exposição gerencial e impacto maior.

Para potencializar resultados, precisava do envolvimento das pessoas que atuavam na operação desses negócios, pois eram muitos *inputs* para os processos, o que exigia habilidades de relacionamento e comunicação para colaboração.

A estratégia, que o leitor pode usar também para conseguir a colaboração, foi entender, primeiro, quais as dificuldades de cada responsável por envio das informações, e propor verdadeiramente ajuda e solução para eles. Preocupar-me verdadeiramente com eles e fazer dos seus problemas os meus. Carnegie cita isso também em sua obra: "Interesse-se verdadeiramente pelo outro".

Ao solucionar os problemas desses envolvidos, estava resolvendo os meus também, e assim meu trabalho ficaria facilitado, já que ele era a linha final do processo e tinha que saber o detalhe, o que explicar, após consolidar os resultados. Assim, pude ser percebido como alguém que realmente poderia contribuir com as tarefas mais complexas, e consolidar minha efetivação como funcionário.

O leitor pode estar se perguntando: "Mas será que foi fácil assim?

Fabio Luiz C. Lima

Ninguém ficou melindrado e todos contribuíram facilmente?". Posso dizer que sempre há vaidade e questões pessoais, porém minha ação foi a de colocar interesses do coletivo acima dos individuais, inclusive do meu interesse, e deixar isso claro para quem se sentisse ofendido com as estratégias de formação de equipe para potencializar colaboração e resultados.

Apesar de ser pouco provável alguém ficar chateado com o uso de educação, simpatia e produtividade, isso pode ocorrer. No meu caso, consegui gerenciar bem as situações quando as percebia. Se posso adicionar uma lição, seria a de não dar muito ouvido às críticas não fundamentadas, receber *feedbacks* e checar se eles fazem sentido antes de absorvê-los.

Esse comportamento e visão futura, mais tarde aprendi, são muito importantes para foco e persistência, a diferença entre momentos e existência, e contribuíram para, em 21 anos atuando em grandes corporações, a obtenção de resultados rápidos e concisos, além de impulsionar minha carreira para atingir os níveis mais altos em empresas enormes e, por muitas vezes, ter minha equipe reconhecida pela produtividade, ambiente e clima de resolução de questões e contribuições com o todo de forma muito leve.

Como lição, ter o propósito final muito maior do que a relação ou momentos breves, superficiais de prazer ou satisfação curta, ajuda a manter foco no que realmente é importante. Outra é aprender a cada dia algo novo, saber que contribuí naquele momento para melhorar algo. Eu me perguntava o que havia aprendido de novo, se havia feito o meu melhor no dia de forma intensa e profunda, se estava alinhado com o propósito maior e fazia isso diariamente. Dessa maneira, pensava estar trabalhando um legado, algo verdadeiramente bom, pois o que é realmente bom é bom para todos a longo prazo.

Pontos-chave do capítulo

- Autoconhecimento: saber usar melhor as aptidões e desafios para conexões;
- Fixação de aprendizado e produtividade com ciclo de perícia;
- Estratégias de reciprocidade para colaboração;
- Pensar a longo prazo e no benefício para o todo;
- Identificação e definição de estratégia;
- Transparência e efetividade na comunicação verbal e não verbal.
- Foco, persistência, envolvimento emocional e empatia;

Referência
CARNEGIE, Dale. *Como fazer amigos e influenciar pessoas*. Cia Editora Nacional, 2016.

ENGAGE for Business

Capítulo 10

Proveito tirado de uma tragédia

Quando ajudamos o próximo, podemos esperar um retorno do campo universal. Neste artigo, será apresentada a história de uma pessoa que, após sofrer um terrível acidente, tornou-se paraplégica. Porém, mesmo com dificuldades, encontrou incentivo em outras pessoas. Conectores interagiram com tanta emoção e espírito colaborativo, extrapolando para a justiça com resultado extraordinário

Fátima Cristo

ENGAGE for Business

Fátima Cristo

Advogada; gestora de recursos humanos; *coach; master practitioner em PNL;* especialista em crenças. Criou o Método Cristo, de *coaching* vocacional, e orienta jovens do ensino médio e universitários para a escolha profissional. *Coach* de desenvolvimento humano e empreendedorismo 50+. Palestrante e escritora.

Contatos
www.fatimacristo.com
fátima@fatimacristo.com
(21) 98463-5725

Fátima Cristo

Mente e corpo são parte do mesmo sistema cibernético

Com esse pressuposto, quero convidá-lo a compreender que um sistema pode ser modificado por um fato alheio a sua vontade, mas ele pode ser reequilibrado e tornar-se novamente perfeito, desde que haja pessoas conectadas e dispostas a mudar o resultado. No nosso caso, o propósito de devolver a vontade de viver a uma pessoa.

Um acidente de trabalho tornou uma pessoa paraplégica e uma equipe se formou no meu escritório de advocacia, para resolver todos os problemas dela. A colaboração e a emoção foram os grandes trunfos do nosso time, contagiando até autoridades, inclusive uma juíza trabalhista.

A equipe

Éramos muitos personagens, mas destacarei alguns, com nomes fictícios, exceto o meu assistente. Carlos era cliente do meu escritório; Amanda, a sua namorada; Alexandre, irmão de Amanda; Antonio, o meu assistente, perito em cálculos trabalhistas.

A advocacia

Nem sempre fui apaixonada pela advocacia, durante muito tempo, advoguei de "sapatos apertados". Apesar dos pés machucados, tive sucesso profissional.

Talvez, tenha sido por sorte que iniciei a minha carreira advocatícia na área empresarial, cuidando, exclusivamente, dos interesses de uma pessoa jurídica, sem impedimento para que eu advogasse fora. Porém, a zona de conforto por ter salário certo me impedia de ver que a advocacia ia além de números e contratos.

Depois, me desliguei da empresa e criei a minha carreira solo, advogando para "gente".

O fato

Carlos foi o primeiro cliente do meu escritório. Um dia, ele e Amanda chegaram contando que o irmão dela, Alexandre, sofrera um acidente de trabalho. Logo intuí que eles traziam o meu *case* de

ENGAGE for Business

sucesso pessoal e profissional, e eu realizaria o meu desejo de usar os meus conhecimentos para ajudar o próximo.

Afastada do ambiente corporativo, com colaboradores à minha disposição, passei a advogar sozinha, com uma secretária e um assistente.

Aquele caso me mostrava que a advocacia vai além de solucionar os interesses de pessoas que têm o direito violado. Havia drama, dor, sofrimento e se tratava de uma pessoa que sofreu um grave acidente de trabalho. Era a oportunidade para me apaixonar pela profissão.

Para resolvê-lo, precisaria de uma equipe comprometida acima da necessidade, por isso convidei Carlos e Amanda para colaborarem comigo.

Formamos uma equipe incrível, com um pacto para devolver ao Alexandre uma vida extraordinária, criamos estratégias para cada um cuidar de um assunto específico, mas ajudaríamos uns aos outros em eventuais dificuldades.

Conheci o Alexandre no hospital, dias depois do acidente, porque primeiro providenciamos procuração, trâmites burocráticos, provas, reuniões nas empregadoras, previdência, assistência, aposentadoria, seguro etc. Ele trabalhava numa empresa prestadora de serviços a uma empresa de aviação.

Eu tentaria uma solução amigável com a real empregadora do Alexandre. Lá, enfrentamos a nossa primeira decepção com a triste indiferença dos dirigentes, tipo "não podemos fazer nada", quando propusemos que pagassem uma verba compensatória pelo acidente sofrido pelo nosso cliente.

Sem sucesso com a empregadora do Alexandre, partimos para a empresa de aviação, a tomadora dos serviços dele, tentando um acordo. Ficamos perplexos com a nova recusa e indiferença com que gestores de algumas organizações tratam o capital humano, mesmo diante de tragédias.

Não desanimamos com os "nãos", mas ficou na equipe o sentimento de repulsa pelo comportamento das empresas, o que nos fortaleceu para iniciarmos a luta judicial, que se prenunciava árdua.

O Alexandre não podia pagar advogado, mas isso era o que menos importava, porque patrocinar aquela causa seria a oportunidade de usar a advocacia para o que eu sempre sonhei: ajudar pessoas.

O cliente

O Alexandre era morador de favela, faxineiro, e sofreu um gravíssimo acidente quando limpava uma aeronave estacionada.

Ressaltamos que à noite, quando as aeronaves ficam estacionadas, depois que o pessoal da limpeza adentra nelas, por medida de segurança, a escada móvel é retirada e a porta fica aberta, apenas com uma fita sinalizadora amarela e preta.

Fátima Cristo

O acidente aconteceu quando o Alexandre tentou destravar aquele carrinho que carrega os alimentos para os passageiros. Ele tentou duas vezes e, como não conseguiu, teve que empreender mais força para soltar o equipamento. Essa força não só destravou o carrinho como o projetou porta afora da aeronave. Ele caiu de uma altura de quatro metros, batendo com o dorso no solo e lesionou a coluna vertebral, deixando-o paraplégico.

O Alexandre ganhou uma cadeira de rodas. A princípio, essa nova condição o impediria de seguir o curso normal da vida, mas a nossa equipe firmou o propósito de devolver sua dignidade, a despeito de qualquer previsão contrária. As empresas seriam responsabilizadas pelo acidente e deveriam compensá-lo com uma indenização pelo acidente de trabalho.

O dragão e os guerreiros

Todo problema é um dragão e temos que enfrentá-lo como guerreiros, para que o resultado seja positivo.

Sabíamos que a batalha judicial seria árdua, e compensar o sofrimento, a dor e o desequilíbrio na psique daquele rapaz nos deu a certeza de que aquele fato também nos afetava emocionalmente.

Não era só uma causa para o meu escritório, mas um propósito de solidariedade, amor ao próximo e a certeza de que tudo o que fizéssemos nos transformaria em pessoas melhores.

Formou-se a rede de torcida e de engajamento para buscarmos todo tipo de ajuda. Precisamos ouvir o cliente e outras pessoas, para elaborar a narrativa dos fatos, busca de provas, estudos, pesquisas, até conseguir a efetividade da justiça.

Os envolvidos, inclusive o Alexandre, cada um se responsabilizando por tarefas e providências específicas, seria o grande trunfo de todo o processo.

Coube ao Antonio, perito em cálculos trabalhistas, quantificar a indenização que iríamos pleitear ao Carlos e à Amanda, que ficaram responsáveis por providências junto ao INSS, seguradora, idas e vindas à empregadora para conseguir suporte financeiro e comprar medicamentos etc.

Eu patrocinaria a ação judicial, cujo resultado deveria ser uma sentença favorável ao Alexandre. Pressentindo que a empregadora dele não suportaria pagar o valor da indenização, chamamos, solidariamente, ao processo, a empresa de aviação.

A emoção esteve presente conosco nos atos administrativos e processuais. A ação teve uma única audiência e as empresas ex-adversas foram representadas por vários advogados e prepostos, que ainda tentaram ouvir testemunhas. Pasmem! Na contestação, os advogados imputaram a culpa pelo acidente ao Alexandre.

ENGAGE for Business

Jamais esquecerei da emoção que tomou conta da juíza trabalhista na audiência de conciliação, instrução e julgamento. Ela encerrou a instrução e dispensou as testemunhas, dizendo, com voz embargada, que com a visível situação do Alexandre, ela não ouviria testemunhas.

O resultado foi fantástico. A juíza prolatou a sentença com senso de justiça inexorável, copiando *ipsis litteris* o nosso pedido.

As empresas recorreram, nos propuseram um acordo com o valor de um terço da quantia sentenciada, mas recusamos.

Sem acordo, os advogados da empresa protelaram o processo e a execução durou vários anos, auxiliada pela lei que facilita a procrastinação na justiça.

A transformação

A vitória propiciou ao Alexandre um enorme salto na sua vida financeira. Com a nova condição financeira, ele alcançaria coisas que talvez fossem muito difíceis, ou até mesmo impossíveis, caso ele não tivesse sofrido aquele terrível acidente.

Ao invés de deslumbrar-se, ele confessou que seria incapaz de administrar o seu dinheiro e pediu que o fizéssemos. Com a nossa consultoria, ele comprou imóveis, fez investimentos e, o melhor de tudo, comprou um computador.

Na cadeira de rodas, o Alexandre desenvolveu aptidões, aprendeu informática e usava o computador para se informar, conhecer o mundo que talvez nem existisse no seu imaginário. Ele tinha tudo para viver uma vida pobre, não dar certo, mas, com a adversidade, enfrentou um novo caminho.

Nunca ouvimos o Alexandre se queixar ou maldizer aquele acidente, nunca o vimos deprimido.

Solidariedade

De uma adversidade surgiu o engajamento e um trabalho de equipe, com o propósito de buscar uma compensação para uma perda pessoal. Não víamos só interesse financeiro, mas o principal objetivo era trazer felicidade ao coração de uma pessoa.

O espírito de união esteve presente na equipe e, com esse engajamento, tivemos ótimo resultado.

Essa lição humanizou mais o meu escritório de advocacia, porque deixamos os interesses pessoais de lado, mantendo um rastro de amorosidade, atenção e cuidados especiais para os interesses de outra pessoa.

Firmamos laços de amizade entre nós. O Alexandre esteve sempre presente conosco e nós administramos os seus bens até o seu falecimento, ocorrido em 2014.

Os elos se exteriorizaram, haja vista que foi o meu escritório que cuidou do inventário dos bens deixados por ele, a pedido da filha.

Fátima Cristo

O Carlos é nosso cliente e nos traz questões judiciais, extrajudiciais ou pessoais, indica clientes, mantém, permanentemente, contato conosco.

A Amanda faleceu, mas chegou a presenciar a vitória do seu irmão. Eu e o Antonio continuamos ligados pelo trabalho.

A conexão se exterioriza

Quando usamos o nosso potencial, obtemos os melhores resultados. Nos negócios, se desejamos uma coisa, só podemos alcançá-la decidindo realizar, nos comprometendo a viver de acordo com essa decisão e colocando congruência nos objetivos, usando nossos valores.

Foi seguindo os meus princípios e a certeza de que as pessoas escolhidas agiriam com amor no caso, que formei aquela equipe para produzir bons resultados.

A nossa emoção contagiou até a juíza, num caso que, para ela, significava só mais um caso a sentenciar. Ela presidiu a audiência com a voz embargada e perplexa diante da indiferença das partes ex-adversas.

A lição que extraímos daí é que quando as pessoas se conectam num propósito único e se emocionam no trabalho, os resultados são extraordinários.

Percebo que quando fazemos alguma coisa para os outros, sem esperar compensação, tudo flui de forma diferente de quando fazemos exclusivamente por interesse.

É claro que não podemos agir sempre desinteressadamente quando trabalhamos. Afinal, nos esforçamos buscando conhecimento, perdemos noites estudando, negligenciamos família, amigos, por causa dos estudos, e é difícil achar justo fazer de graça aquilo que só nós sabemos fazer.

Eu só consigo realizar um bom trabalho quando sinto emoção naquilo que estou fazendo. Depois que passei a advogar para "gente", fiz questão de estabelecer essa conexão emocional entre o cliente e eu.

Nós somos capazes de vislumbrar quando um trabalho vai ser mais prazeroso ou penoso. Nos negócios, é curiosa a nossa capacidade de intuir quando alguma coisa vai dar errado. E se não acreditarmos na nossa intuição, é quase certo que aborrecimentos vão acontecer pelo caminho. Essa é a sinergia que se forma entre as pessoas envolvidas.

Se visamos apenas ganhar dinheiro quando fizermos algo por alguém, perdemos a chance de deixar o caminho aberto para outros ganhos, mais prazerosos do que os pecuniários.

O sapato apertado e a mudança interior

Eu já escrevi que exerci a advocacia "de sapato apertado" e quero esclarecer essa expressão.

Quando eu trabalhava no meio corporativo, tinha que atender aos anseios das empresas, mas nem sempre a minha opinião ou estratégias

ENGAGE for Business

eram aceitas. Às vezes, me sentia desconfortável, porque via que os interesses da organização se sobrepunham aos meus valores.

Por mais que a advocacia esteja mudando, com a mediação nos ensinando que nem todo interesse tem que ter um vencedor, ainda há muito pouco engajamento colaborativo entre a classe jurídica.

A minha percepção é de que, por mais que estejamos em lados antagônicos, nós, advogados, temos que conservar a liberdade e respeito às nossas convicções.

Algum tempo após ter conduzido o caso do Alexandre, da forma como conduzi, resolvi estudar programação neurolinguística. Foi uma surpresa perceber que, mesmo sem conhecer, eu já utilizava muitos pressupostos da PNL, e agradeço a Deus pela inspiração ao agir intuitivamente, encontrando colaboradores com sentimentos em sintonia com os meus.

Nas minhas alucinações, imagino como aqueles advogados das empresas estariam desconfortáveis ao tentar negar o direito do meu cliente. Assim é a advocacia!

Se deixarmos que os momentos de estresse nos transportem para o modo de sobrevivência, corremos o risco de entrar nesse modo e, ao invés de resolver, arranjar mais um monte de problemas. A nossa equipe sempre olhou para o problema de fora dele e, com isso, conseguia contextualizá-lo, ver o "todo". Conduzimos todo o processo acreditando, buscávamos algo melhor do que um simples negócio para realizar.

No caso do Alexandre, o resultado que obtivemos foi o prêmio pelo nosso esforço, pelo senso de colaboração que tomou conta da nossa equipe e porque a emoção esteve sempre conosco.

Potencial e resultado

É comum que as pessoas apliquem apenas uma parte do seu potencial às tarefas que empreendem na solução de problemas.

Temos que viver com atenção e enfrentar os problemas com criatividade, emoção e gratidão. Isso nos fortalece durante e depois da jornada.

A advocacia participa do mundo dos negócios, mas advogados defendem os interesses do cliente, transferindo para si a emoção do cliente.

Toda equipe que se forma deixando a emoção rolar, usando a colaboração e a reciprocidade como molas propulsoras do sucesso terá bons resultados.

ENGAGE for Business

Capítulo 11

Como alcançar nossos objetivos profissionais por meio dos aspectos emocionais

Neste capítulo você encontrará uma história de sucesso alcançada por meio da motivação emocional de uma equipe que buscava os mesmos objetivos, e que foi construída com um trabalho árduo e uma liderança situacional alinhada aos objetivos da empresa

Hércules Vieira

ENGAGE for Business

Hércules Vieira

Profissional da área administrativa e financeira, com mais de 25 anos de experiência acumulada em gestão financeira, controladoria, processos, sistemas e reestruturação. Trabalhou em empresas nacionais e multinacionais de diversos portes em cargos de gerência e diretoria. Contador pela Unicamp, pós-graduado com especialização em Controladoria e Auditoria, MBA Executivo Internacional pela USP, com estudos desenvolvidos nos EUA, França e Inglaterra. Pós-MBA em gestão pela FIA.

Contatos
herculesv@uol.com.br
LinkedIn: Hércules Vieira
+55 (11) 99645-0111

Hércules Vieira

Como tudo começou

Como parte deste livro, desejo aqui demonstrar como a colaboração e o trabalho em equipe foram importantes quando houve conexões emocionais para alcançar os objetivos de negócio, tendo como consequência muito mais valor agregado. Nesse contexto, gostaria de compartilhar um dos casos que tive orgulho dos resultados alcançados e também de minha equipe, superando vários desafios durante o percurso.

Tudo surgiu quando fui selecionado para ser o CFO local de uma empresa multinacional americana. No entanto, essa empresa ainda estava passando por uma cisão (*spin-off*) nos Estados Unidos e, portanto, precisaríamos esperar pela conclusão dela para dar seguimento às operações independentes no Brasil.

Essa nova empresa seria sediada em São Paulo, pois a matriz da empresa-mãe no Brasil estava sediada no Rio de Janeiro, apesar da divisão operacional que seria cindida manter escritório comercial em São Paulo.

Após algumas frustrações em nosso planejamento inicial, algumas revisões foram necessárias, pois a cisão nos Estados Unidos demorou mais do que se imaginava. Com isso, precisei trabalhar com a ansiedade e angústia de alguns profissionais que fariam parte de minha equipe em São Paulo, pois não conseguia me desligar dos controles matriciais estabelecidos no Rio de Janeiro, já que não me foi permitido ir adiantando e estruturando os processos e sistemas em São Paulo.

Tive, então, que estabelecer relações de contribuição e parceria com os profissionais da matriz no Rio de Janeiro até que a transferência completa acontecesse e pudesse estabelecer um controle autônomo em São Paulo.

Isto foi muito bem-sucedido, pois o *Controller* e o CFO me apoiaram integralmente e se dispuseram, juntamente com suas equipes, a me apoiar na transição. Foi um período muito duro para todos e especialmente para mim, que, com filhos pequenos, passei praticamente um ano morando fora de casa.

Mas esse sacrifício valeu a pena, pois conseguimos montar uma estrutura em São Paulo, com profissionais motivados e competentes,

ENGAGE for Business

além de muito comprometidos comigo e com a empresa, pois alguns deles vieram da pequena estrutura que já existia em São Paulo e gostavam muito do clima de amizade e camaradagem que também existia na empresa.

Com isso, tudo ficou em nossas mãos, tínhamos grandes desafios pela frente. A começar por estruturar a equipe, os processos internos e os sistemas de controle. Tudo precisava ser iniciado do "zero".

Uma nova etapa

Foi então que nos demos conta de que, a partir daquele momento, tudo era de nossa responsabilidade e precisávamos cumprir com nossos compromissos de entrega.

Como era uma equipe que gostava muito da empresa, procurei tê-la como aliada em todos os nossos objetivos, pois tínhamos prazos muito exíguos para providenciar tudo o que precisava ser feito.

Primeiramente, eram os processos internos que precisavam ser organizados e formalizados de acordo com os procedimentos internacionais da empresa e também conforme as leis locais do Brasil. Também precisávamos de um sistema que já tinha realizado algumas análises (*assessment*), cotações e testes, porém, não poderia ter sido implementado até então.

Tínhamos que correr contra o tempo, pois existiam alguns desafios bastante grandes a serem transpostos:

- Estrutura institucional e estatutária;
- Estruturar os processos e procedimentos;
- Implementar um novo sistema ERP;
- Desativar uma fábrica obsoleta;
- Buscar novas alternativas de produção terceirizada;
- Fazer o novo planejamento para a nova empresa.

Foi então que me reuni com a equipe que tinha e era bastante reduzida. Tivemos uma reunião estratégica e fundamental para nos organizar. Eu precisava conscientizar o time de nossa responsabilidade e do tamanho de nosso desafio.

Como havia uma ligação emocional bastante forte com a empresa e todos acharam que a cisão foi muito benéfica para os negócios, pela independência na sua estratégia e na forma de gestão, eu era um novo profissional com novas ideias e pensamentos que foi bem aceito por todos que já estavam e continuariam na empresa.

Trouxe também novos profissionais que também vieram com novas culturas organizacionais e agregaram muito àqueles que já estavam na empresa.

Hércules Vieira

Foi então que nos organizamos de forma a cumprir com os prazos e objetivos. Liderados e coordenados por mim, com a aprovação do CEO Brasil e também do CFO América Latina, fomos vencendo todas as etapas que nos apresentavam.

As conexões foram se realizando naturalmente, pois queríamos sempre entender os porquês, aplicando a teoria 4W2H (Quem, O Quê, Onde, Quando, Como, Quanto), então ficou mais fácil sermos mais do que um departamento de suporte (*back-office*), mas um parceiro de negócios.

O comprometimento de todos era muito grande e sempre procurávamos nos ajudar em tudo, independentemente se aquele problema competia a somente um profissional ou departamento. Quantas noites passamos juntos trabalhando até a madrugada para implementar o sistema operacional (ERP) e realizarmos os testes, conferindo planilhas e fazendo as transmissões de dados à matriz no Estados Unidos. Não foram poucas as horas trabalhadas, mas valeram a pena, pois o resultado alcançado foi de excelência.

Construção de um ambiente colaborativo

Naquela época, em que tudo isso aconteceu (1993), as comunicações ainda não eram tão virtuais como são atualmente e isso facilitou bastante para que todos tivessem uma maior interatividade pessoal.

A única comunicação que havia era o e-mail e o SMS, além do telefone, logicamente. Assim, num ambiente onde todos estavam no mesmo andar de um prédio, a maioria da comunicação se dava pessoalmente.

Para construirmos um ambiente colaborativo, desenvolvemos um ambiente de confiança e respeito mútuo, onde os planos e projetos eram discutidos e os conhecimentos e habilidades compartilhados. Isso levou a uma maior compreensão das fortalezas e fraquezas de cada um.

Os recursos materiais que dispúnhamos eram escassos e, por isso, a maximização dos recursos humanos era necessária para compensar a falta dos outros recursos. Precisávamos de uma equipe focada e eficiente para conseguir resultados expressivos.

Os exemplos de colaboração entre os membros da equipe foram muitos e sucessivos, pois tivemos que fazer várias atividades manuais, enquanto não tínhamos um sistema funcionando adequadamente, e isso gerou muitas horas adicionais de trabalho.

Eu, como líder dessa equipe, tive muitos aprendizados e pude notar que alguns membros tinham não somente problemas de deficiência técnica, mas também emocionais. Precisei ser bastante hábil para contornar diversas situações, agindo com inteligência emocional. Elas se apresentavam de diversas maneiras, tais como questões matrimoniais, financeiras, relacionamento familiar, entre muitas outras que não cabem ser aqui mencionadas.

ENGAGE for Business

Isso fez com que me aproximasse mais deles e eles de mim. Pude notar que quando estamos envolvidos profundamente em um ambiente, não conseguimos separar os indivíduos que fazem parte da equipe, em indivíduos profissionais e indivíduos pessoais. Tudo se transforma e passamos a pensar e agir de forma mais autêntica e verdadeira. Notávamos muito mais facilmente quando alguém não estava bem, pois parecia preocupado, angustiado, às vezes nervoso, outras vezes mais falante do que o normal ou mais calado, enfim, nos tornamos mais próximos e amigos.

Posso dizer que essa interação e amizade fez toda a diferença. Aprendemos que o Ego era nosso maior inimigo, que estávamos todos no mesmo barco, precisávamos apenas tomar as decisões menos erradas para seguirmos o melhor caminho, pois eu creio que não podemos conhecer totalmente o futuro, mas podemos ajudar a construí-lo com nossas atitudes, comportamentos e muito trabalho.

A relação cliente-fornecedor interna foi aprimorada, pois contávamos com uma boa reputação perante outros departamentos, uma vez que todos os membros da equipe tinham o objetivo de atender da melhor maneira nosso cliente interno, entregando a ele exatamente o que tinha necessidade de ser entregue. Era literalmente uma relação ganha-ganha.

Aprendizados

Vivendo e experimentando essas várias situações, os aprendizados foram constantes, todos foram aprendendo de alguma forma a se relacionar uns com os outros de forma construtiva. Compreendendo a si em termos de suas características pessoais, suas atitudes, práticas e estilo de relacionamento.

Todos tinham realidades vividas diferentes que foram se construindo ao longo da vida, com ideias, sentimentos, interesses e valores distintos, e foi preciso um aprendizado sobre a compreensão e entendimento dessa realidade. Eu pessoalmente acredito que aprendi a ouvir mais e entender o que as pessoas sentem e pensam, ter mais tolerância com os limites e erros dos outros e também a gerir os conflitos ou situações complicadas entre os membros do grupo, desenvolvendo atitudes de comunicação mediadora do embate. Foi preciso fazer uma gestão situacional e holística, transformando em oportunidades de crescimento pessoal, profissional e de grupo todas as dificuldades enfrentadas.

Aprendemos com as dificuldades, nos tornamos mais fortes para outros desafios que possam se apresentar, pois sabemos que tudo depende de nosso esforço, nosso trabalho, persistência, fé e, também, de um pouco de sorte. Criar relacionamentos mais profundos no ambiente

Hércules Vieira

de trabalho, no entanto, requer vontade genuína de conhecer as outras pessoas e, principalmente, saber como acrescentar valor à vida delas. Podemos transformar pessoas comuns em extraordinárias.

Devemos agir generosamente e fazer disso um hábito, porque a consistência no comportamento é a chave para que os outros se deixem confiar, e a confiança é a base dos relacionamentos fortes e significativos.

Expressar curiosidade sincera em relação aos outros também é importante. Isso pode significar fazer perguntas que mostrem atenção sobre como os outros são, com o que se importam e como trabalham. Assim, as conversas ficam dinâmicas e a outra parte sente que há uma tentativa de desenvolver o contato para um relacionamento mais consistente.

Demonstrar interesse também pode consistir em promover pequenas demonstrações de delicadeza, como um e-mail desejando melhoras para um colega que não se sentia bem ou uma mensagem de parabéns pelo aniversário que cai no fim de semana.

Por fim, manifestar gratidão é um fator que tem sua relevância frequentemente negligenciada na construção de relacionamentos profissionais consistentes. Na verdade, lembrar de agradecer os gestos dos colegas, por menores que sejam, faz com que se sintam apreciados e fortalece o vínculo.

Vale lembrar também que quem busca essas conexões significativas privilegia o fortalecimento de comunidades e é generoso com quem está ao redor, mas principalmente sabe a importância da construção de relacionamentos profissionais – não de "redes de contatos" – e a necessidade de preservá-los.

Para se ter uma ideia da fortaleza dessa conexão construída, já faz quase 20 anos que deixei essa empresa e até hoje quase todos os membros dessa equipe ainda se comunicam ou se encontram ocasionalmente e, de alguma forma, sabem como o outro está e se precisa de alguma ajuda.

ENGAGE for Business

Capítulo 12

O sucesso não é solitário, é a conexão entre mentes e mãos

Aprendi, como empresário, que as oportunidades têm que existir para todos os lados envolvidos no negócio, pois não fazemos nada sozinhos, e isso é igual nos quatro cantos do mundo. As melhores práticas surgem de esforços conjuntos, e ter o entendimento de que o capital intelectual e criativo das pessoas sempre fará a diferença em todos os segmentos da economia é fundamental para o sucesso

Jefferson Frauches Viana

ENGAGE for Business

Jefferson Frauches Viana

Presidente da Way Back, empresa especializada em recuperação de créditos e ativos, com atuação nacional e internacional, comprometida com a gestão de negócios e relacionamentos de seus parceiros e clientes, desde 1991. Diretor conselheiro do IGEOC – Instituto de Gestão em Excelência Operacional de Cobrança; membro-fundador do LATINCOB – Associação latino-americana de empresas de cobrança. Acionista brasileiro do TCM Group, maior conglomerado de crédito e cobrança do mundo, presente em mais de 150 países. Bacharelado em economia e matemática pela Universidade São Judas Tadeu – São Paulo.

Contatos
www.wayback.com.br
jefferson@wayback.com.br
(11) 2148-9100

Jefferson Frauches Viana

Como empresário da indústria de crédito e cobrança, desde 1991, tive uma oportunidade única de participar de uma concorrência mundial, em 1999, promovida no Brasil, pelo maior conglomerado de crédito e cobrança do mundo, a TCM Group, que mudaria os rumos da minha vida e me projetaria para experiências multiculturais de grande importância para o sucesso em meus negócios na Way Back, e para a expansão do meu conhecimento no mercado de cobrança nacional e internacional.

A minha empresa saiu vitoriosa, e hoje, como *shareholder* na América Latina, desse grande grupo atuante em mais de 150 países, sou constantemente convidado a palestrar e compartilhar as minhas visões e vivências internacionais em fóruns, congressos, *workshops*, associações e entidades de classe para executivos brasileiros.

Isso me permite contribuir ativamente no amadurecimento e profissionalização do segmento de cobrança no Brasil. A cada evento anual, saio mais fortalecido e com a nítida percepção de que, para ter excelência no atendimento e multiplicar à toda minha organização o cenário ideal, é preciso, primeiramente, entender o contexto socioeconômico e cultural de cada país, mas a experiência do cliente é sempre a pauta principal.

Há mais de 30 anos atendo clientes e gestores financeiros de todos os segmentos, nacionais e internacionais, exportadores ou não, para ajudá-los a melhorar processos e relacionamentos no mercado. Para isso, o meu *insight* principal sempre foi investir em capital humano, o bem mais precioso de toda empresa, que me ajuda a entender e atender cada cliente como único.

Na Way Back, mantemos um padrão de qualidade que começa pelas escolhas dos profissionais que fazem toda a diferença. Como premissa, pessoas com conhecimento pregresso na área de contas a receber, recuperação de créditos e atendimento ao cliente. Claro que operações mais customizadas requerem profissionais com perfis diferenciados, muitas vezes, especializados no tratamento do tipo de papel e segmento de mercado.

Prezamos por atender uma carteira pulverizada de clientes de todos os segmentos da economia, o que nos garante mais segurança e credibilidade. Entendo que, dessa forma, não ficamos refém apenas

ENGAGE for Business

de um setor, isso reflete na confiança buscada pelos contratantes. Esse ponto, inclusive, foi um dos que despertou o interesse para uma grande seguradora norte-americana no Brasil, tema de desenvolvimento de relações de sucesso e conexões neste capítulo.

Atendemos os nossos clientes de forma completa e customizada, oferecendo outras soluções financeiras que agregam valor para cada parceria e, acima de tudo, investimos muito em pessoas e retenção de talentos, com oportunidades reais de crescimento profissional.

Não posso deixar de ressaltar um dos pontos fracos também, que são inerentes ao segmento, que é a alta rotatividade de pessoas que, com investimento em treinamento e oportunidades, conseguimos reter maior número de talentos – 40% dos colaboradores têm mais de cinco anos de casa.

Um *case* premiado de colaboração

Dito um pouco do ar que respiro, dentre diversas parcerias de sucesso, coloco em destaque o premiado *case* de um dos clientes da Way Back, no ramo de seguros.

Fomos chamados para uma consultoria no início de 2017, devido a nossa projeção internacional, com o objetivo de ajudar a melhorar o processo de recuperação de crédito de uma das maiores seguradoras dos Estados Unidos, subscritora de riscos, de seguros patrimoniais e de responsabilidade civil, presente no Brasil há mais de cinco anos, em que os seus principais clientes são os seus corretores – mais de 1500 até o final de 2017.

"Uma grande fatia não é inadimplência, apenas mudança de cultura." – palavras do diretor comercial da empresa contratante, no momento de *briefing* do projeto.

Como cobrar sem ferir a relação?

1° ponto de atenção: não é comum esse tipo de ação externa de cobrança no segmento de seguros de riscos patrimoniais e civis, por ser um mercado altamente competitivo;

2° ponto de atenção: o corretor não pode se sentir melindrado com a cobrança, pelo risco de perdê-los para outra seguradora concorrente, pois, como citado, eles são os seus principais clientes;

3° ponto de atenção: conseguir quebrar a blindagem e ocultação de informações por parte dos próprios corretores que, muitas vezes, refletia nos resultados de forma indevida, dando a falsa impressão de inadimplência por parte do segurado. Em resumo, tínhamos como um dos principais desafios mitigar os riscos de inadimplência dos segurados, em alta naquele momento, trabalhando a ponta do relacionamento com os corretores. O cliente do corretor é o segurado!

Jefferson Frauches Viana

E o mais delicado estava em reter as apólices, sem impactar de forma negativa na relação triangular: seguradora x corretores x segurados.

Inovação a quatro mãos

Todas as métricas e KPIs foram previamente definidos em reuniões constantes e intensas entre equipes contratado x contratantes. A colaboração presencial do cliente nos ditava o norte e premissas básicas no desenvolvimento da solução adequada.

Definido sempre esgotar todas as possibilidades de contatos e notificações, primeiramente com o corretor, iniciamos os trabalhos com foco na preservação dessa relação triangular importante no ciclo de negócios da seguradora.

Para as estratégias e melhor solução aos pontos apresentados, desenhamos, em conjunto com o cliente, um modelo de cobrança preventiva, antes mesmo do vencimento, e logo após os primeiros dias de atraso, numa recuperação de caráter consultivo junto ao corretor.

Foram contratados negociadores seniores, com experiência no mercado de serviços e seguros, em conjunto com uma operação customizada com *scripts* e abordagens diferenciadas, constantemente monitoradas e qualificadas.

Soou como novo, para eles, o modo como foi tratado cada estágio, de maneira minuciosa e cuidadosa, criando controles internos diferenciados e totalmente customizados para atender o perfil do trabalho, que não seria possível sem o envolvimento e aprovação integral do cliente e das pessoas envolvidas. Tudo foi feito a quatro mãos e a régua de atuação foi resultante de ajustes periódicos e calibragens essenciais para a potencialização dos resultados, de acordo com as expectativas do cliente, sendo:

- 01 a 08 dias em atraso – Foco: corretor;
- 09 a 30 dias em atraso – Foco: corretor;
- 31 a 60 dias em atraso – Foco: segurado.

A criação de uma sequência de comunicação e ações em intervalos estratégicos teve como objetivo criar uma percepção de organização, constância na qualidade, preocupação e cuidados em melhorar e preservar o relacionamento da seguradora, junto aos seus agentes correspondentes (corretores), que são a ponta de relacionamento com o cliente final – o segurado – que, no final, foi o maior beneficiado direto do sucesso dessa operação.

A ação de retenção ativa fez com que aumentasse o grau de fidelização não somente da seguradora com corretores, mas dos corretores

ENGAGE for Business

com os segurados, que perdiam suas coberturas e proteções, muitas vezes, por falta de informação, o que causava grande desconforto e prejuízo a todas as pontas do negócio.

Conectamos, por meio da informação, os seus pares (triângulo de negócios), e agregamos valor gradual de forte percepção de melhoria no relacionamento e na quebra de uma cultura, inicialmente, fora dos moldes ideais projetados pela seguradora no mercado brasileiro.

Canal seguro de informações

Houve uma melhora exponencial logo nos primeiros meses, o que impactou significativamente no aumento do *cashflow*, na retenção do segurado (gerador de receita), na mitigação de riscos e, acima de tudo, no potencial colaborativo em suas metas de crescimento no *marketshare* brasileiro de forma saudável e sustentável.

A construção de uma relação de confiança nos colocou numa posição como mais um importante canal seguro de informações e orientações aos corretores, e em paralelo, de um parceiro importante para a seguradora, ao promover, diariamente, o cruzamento e entendimento de possíveis "brechas" no seu contas a receber, permitindo o mapeamento e entendimento para a sua equipe fazer imediatamente as correções necessárias apontadas e obter ganhos reais na agilidade das entregas, retornos, esclarecimentos e soluções demandadas pelos seus corretores, evitando, assim, chegar ao segurado e cumprir o objetivo primeiro do projeto: "cobrar sem ferir a relação!".

Inovação na comunicação

Além de todos os resultados gerados pela operação, a inovação veio também, especialmente, pela ponta da comunicação. A Way Back desenhou e moldou um BI (*Business Intelligence*) que permitiu a seguradora enxergar de forma sintética, dinâmica e estratégica, os números, a evolução alcançada em cada etapa, por linha de negócios, região, faixa de idade e por corretores.

Tudo isso, desde então, vem transformando a relação com o seu público-alvo e uma obtenção ascendente de melhores resultados e indicadores acima do esperado, na mitigação efetiva de riscos e maiores números de clientes e segurados satisfeitos com a qualidade, solidez e a segurança, que buscam em uma grande seguradora.

Resultados

Início da operação: dezembro de 2017 e logo nos primeiros três meses, 91% dos casos solucionados estavam concentrados nos primeiros 30 dias junto aos corretores. Mitigação de rolagem substancial e consequente diminuição da chamada "taxa de incômodo" junto ao segurado.

Jefferson Frauches Viana

Hoje é de um dos maiores clientes da Way Back, com uma repercussão mundial ao ser reconhecida pela sua matriz nos EUA, como um exemplo de parceria com terceiros e que fez a diferença ao fazer acontecer algo inovador e não comum ao segmento, dentro dos propósitos e *compliance* exigidos por essa multinacional.

Pense no seu propósito

Com muita reflexão e formado de observações e experiências conjugadas de viagens e estudos, tenho como forte propósito diário promover ações constantes que façam a minha empresa mais feliz, e que todos profissionais comunguem da mesma missão e valores, e se sintam realizados em suas funções, reconhecidos por meritocracia e, consequentemente, ganhos financeiros, pois sei que isso refletirá de forma positiva no propósito maior de ter a minha empresa como referência de boas práticas no mercado em que atuo.

Não fazemos nada sozinhos e, desde o início da minha carreira, sempre tenho como missão atender o cliente de forma única, para construir relações duradouras.

Não penso só no resultado, penso na experiência para todas as pontas envolvidas no processo e isso fez a diferença para alcançar o sucesso desejado no *case* ilustrado.

Manter o foco na experiência do cliente é fundamental para sobrevivência de qualquer empresa, e fico feliz e realizado em poder contribuir para meus clientes, para as empresas do meu próprio segmento de atuação, para meus colaboradores e a todos ao redor, afinal, somos uma imensa rede de conectores. Desejo contribuir para você também, meu caro leitor.

O aprendizado é constante

A lição que fica é que a conexão vai muito além das relações apenas com o seu cliente, a experiência positiva só é possível com a visão conjunta de todos os envolvidos que fizeram e fazem acontecer e comungam de um mesmo objetivo. Não há sucesso sem envolvimento de todas as partes. Não caia no erro de pensar diferente.

Somos todos agentes transformadores e multiplicadores a nível mundial, pois estamos conectados por rede, nuvem, dados e as fronteiras foram eliminadas, por que seria diferente ao nosso redor? O meu negócio é 100% colaborativo, pois, para olhar com a "lupa" do cliente, precisamos da colaboração dele.

Temos que olhar sempre para o todo sem esquecer dos detalhes que, ao final, geram o verdadeiro encantamento. Sigo inovando em meus negócios como agente transformador de resultados, pois construir soluções como a desse premiado *case* é pensar não só na "doença", mas na raiz do problema.

ENGAGE for Business

No empreendimento de recuperação de crédito, a maior barreira é o tempo, e cobrar é igual em qualquer parte do mundo, portanto, a regra é universal: recebe mais quem se faz mais presente, e isso foi novamente colocado à prova.

Para outros empresários, especialmente os exportadores, não somente o tempo é cruel, mas as barreiras da língua, geográficas, culturais, políticas e financeiras. Mas isso é assunto para outro livro.

Penso que as minhas visões e vivências internacionais me permitem um olhar diferente para as barreiras e desafios diários. E a solução adequada para cada necessidade surge de mentes brilhantes conjugadas.

Então, não transforme barreiras em problemas e pense nas oportunidades que se abrem dia a dia, para fazermos diferente. Eu transformei em negócios mais customizados para o crescimento da minha empresa e em maior satisfação dos meus clientes.

A lição que fica do *case* apresentado: estamos sempre aprendendo e nos reinventando. Venda sempre segurança e confiança, construa o sucesso com mãos e mentes brilhantes que estejam dispostas a fazer a diferença, sempre!

ENGAGE for Business

Capítulo 13

Como a colaboração faz a diferença

Neste capítulo, demonstrarei por experiências vividas em uma grande empresa que tive o prazer de trabalhar (excelente ambiente para qualquer profissional que goste de ser desafiado, de ensinar e/ou aprender) que quando alcançamos um nível de colaboração autêntico e desinteressado, conectamos pessoas e atingimos resultados muito além dos esperados

João Teixeira

ENGAGE for Business

João Teixeira

Administrador de empresas graduado pela UBM, com MBA em Gestão Estratégica de Recursos Humanos pela ESAB e curso de extensão em Relações Trabalhistas e Sindicais pela Fundação Dom Cabral. Experiência de mais de 30 anos em Recursos Humanos, com passagem pela área de produção industrial, em empresas nacionais e multinacionais de diversos segmentos, como químico, metalúrgico, papel & celulose, distribuição & logística, vidros planos, petróleo & gás, siderurgia, mineração, energia e construção pesada.

Contatos
jctex10@yahoo.com.br
LinkedIn: João Teixeira

João Teixeira

A o longo da minha vida profissional, trabalhei com diferentes tipos de negócios, dirigentes exigentes, ambientes singulares, mas, acima de tudo, sempre buscando enxergar como eu conseguiria ajudar a organização e as pessoas que nela atuavam. Porém, nunca é uma tarefa fácil, pois estamos inseridos em um mundo onde cada vez mais se fala em colaboração, mas muito pouco se faz do que é falado.

Muito tempo se passou, evoluções tecnológicas ocorreram e continuam acontecendo (já estamos vivendo a revolução 4.0). O ser humano e a sociedade estão se transformando a uma velocidade inconcebível até pouco tempo atrás, mas continuamos convivendo, apesar disso tudo, em um mundo onde a competição está mais acirrada do que nunca.

Minha intenção aqui é mostrar que quando colaboramos com os outros, mesmo nas mais simples atividades do dia a dia, sem qualquer interesse, apenas por ajudar o outro, lições são aprendidas, o reconhecimento é alcançado e a premiação também vem de onde normalmente não se imaginava ou se conhecia.

Vou compartilhar com vocês o que vivi, aprendi e a reflexão que cada um desses momentos me proporcionou, com lições em todas essas breves, mas intensas situações.

A abordagem quando feita de forma respeitosa

Antes de entrar na empresa que pretendo compartilhar com vocês as ricas experiências que passei, há um fato que me chamou muito a atenção e ficou gravado na minha carreira. Foi quando um *headhunter* muito conhecido do mercado me abordou para uma oportunidade. Eu não o conhecia pessoalmente, mas sabia quem era pelos meios de comunicação especializados.

Para mim seria apenas mais uma abordagem, não fosse o momento que vivia, pois estava empregado há um ano e meio, trabalhando em uma grande empresa brasileira, referência no seu segmento de atuação, respeitado pelos meus clientes internos, com uma excelente relação com minha diretora e também com minha equipe. Estava muito feliz e esperando passar muitos anos trabalhando para essa empresa. Então, o que me fez ouvir o conhecido *headhunter*?

ENGAGE for Business

A forma como ele conduziu toda a conversa. Falava do ambiente colaborativo que estava sendo construído, da modernização das práticas de gestão de pessoas, da dimensão da posição, mas acima de tudo, de como a empresa precisava de uma pessoa com o meu perfil de construção, agregador e integrador.

Nesse momento me veio outra dúvida: como uma pessoa que eu não conhecia e que estava falando comigo pela primeira vez sabia do meu perfil?

Foi aí que comecei a investigar com o mesmo de onde tinha saído essa afirmação dele, ao que ele me informou que era de pessoas que haviam convivido comigo em empresas anteriores e que faziam parte também da rede dele.

Aprendizado: faça o bem sem olhar a quem! Se você acredita na colaboração e a faz de forma natural, o reconhecimento vem.

Algumas informações sobre a empresa

Cada empresa tem o seu DNA, que deve ser sempre respeitado e aproveitado, pois nele podemos encontrar elementos que podem nos ajudar, e muito, na jornada de fazer a conexão entre áreas, processos, resultados, pessoas etc.

Essa empresa se caracteriza por estar em vários locais do mundo. Hoje nem tanto, mas já foi muito mais intensa essa dispersão geográfica.

A regional onde eu estava como *head* de RH tinha a dimensão geográfica distribuída entre Brasil, Argentina e Paraguai, com um total de 25.000 empregados diretos, aproximadamente 1.200 gestores atendidos pelo RH, do nível de supervisor a diretor de negócio.

A equipe de RH tinha 10 gerentes e um total de 85 pessoas, entre estagiários, analistas de RH e analistas BP (*Business Partner*).

Ambiente muito estressado pelo processo de mudança que a empresa estava passando. Pessoas em posições executivas vinham de dentro, de carreira com muitos anos na empresa, portanto, profissionais vindos do mercado causavam certa desconfiança e, para a minha sorte, eu era uma pessoa vinda de fora.

Aprendizado: tudo que é bom pode melhorar muito mais ainda! O desafio era imenso se comparado à empresa anterior!

A chegada

Minha primeira semana foi repleta de emoções, já que estava em um novo ambiente, desconhecido totalmente. Nem mesmo quem me contratou eu conhecia há mais de dois meses, que foi o tempo do processo de entrevista até o meu início na nova empresa.

Nas primeiras duas semanas, o plano era ficar no corporativo para

João Teixeira

conhecer meus pares, parceiros, suporte às operações e demais integrantes da grande estrutura de negócio que mantinha a empresa.

No meu segundo dia de trabalho, o meu diretor me chamou para comunicar que ele estava saindo da empresa, que não era algo previsto quando me contratou, mas que infelizmente estava acontecendo e, por esse motivo, ele se desculpava pelo contratempo gerado.

Nesse mesmo dia, tivemos uma reunião com os meus pares, *heads* de RH de outras regionais, com o objetivo de nos conhecermos, trocarmos impressões e falarmos dos times, o que também foi outra pancada, pois a opinião geral era a de que eu precisava fazer uma substituição total do meu time de gestores de RH.

Sinceramente, foi a primeira vez em que achei que o meu passo de carreira tinha sido um desastre. Só para relembrar: essa empresa tinha um histórico de executivos dessa posição promovidos internamente, eu não conhecia qualquer pessoa no novo ambiente, quem me contratou estava saindo e todo o nível acima de mim, até o presidente, tinham chegado na empresa no mesmo mês que eu cheguei.

Passado o susto, tive que voltar logo ao estado normal, pois já haviam se passado as duas semanas. Precisava chegar à minha nova casa (regional) com muita energia para conhecer a nova equipe, o que não foi surpresa nos primeiros contatos, com cordialidade, interesse e ajuda, mas se tornou uma avalanche delas quando aprofundei mais as conversas.

Aprendizado: não se deixe levar pelas primeiras impressões, elas são importantes como subsídios, mas suas crenças e valores sempre devem falar mais alto quando o resultado que você busca é construído com base na integração e na colaboração.

O mapeamento e diagnóstico

Quando iniciei o processo de conhecer a minha nova regional, lancei mão de muitas ferramentas de mapeamento, mas nenhuma tão rica e importante quanto as reuniões presenciais, rodas de conversa ou *face to face*, como queira chamar. Elas foram fundamentais para o mapeamento das fortalezas e fraquezas da minha regional.

Na primeira reunião que tive com o time gerencial de RH, encontrei uma equipe magoada com a forma como alguns processos estavam sendo conduzidos, como recebia pacotes fechados do corporativo e tinha que fazê-lo mesmo não sendo o que entendia como importante para o cliente, como suas equipes de RH não eram reconhecidas pela empresa, como era pouco enxergada, desenvolvida, valorizada etc.

Na sequência, fui ouvir o cliente interno (supervisores, gerentes e diretores de negócio), as áreas operacionais, tendo de lá as seguintes

ENGAGE for Business

dúvidas: para que eu tenho um BP? O que ele faz? Quem faz parte do RH? O que o RH pode fazer por mim? Por que temos que preencher tantos relatórios vindos do corporativo?

Por último, fui conversar com os analistas de RH e analistas BP (*Business Partner*). Deles tive as seguintes dúvidas: o que é ser um BP? Onde encontro as informações que preciso para fazer o meu trabalho? A quem devo procurar no caso de precisar de alguma orientação sobre o meu atendimento? Não conheço o negócio do meu cliente. Como faço isso?

O que mais me chamou a atenção foi a falta de integração e colaboração entre as pessoas (equipes de RH principalmente) e os seus gestores, como a competição por um lugar de destaque de alguns apagava as boas ações de outros. Mas mesmo os que tinham boas ações não as compartilhavam, por desconfiança da apropriação indevida das ideias por outros, chegando a um ponto de desenvolverem em gerências dentro da mesma regional uma mesma aplicação de RH, deixando de aproveitar a riqueza da diversidade de ideias e conhecimentos que o grupo tinha.

A regional estava padecendo de todos os males apontados pelos gestores de RH, pelos analistas de RH, pelas áreas operacionais, mas a solução estava dentro de casa, o conhecimento existia, porém ninguém conseguia ver pelo alto grau de isolamento que cada um tinha criado para si.

Nesse momento, eu era o elemento externo que trazia a desconfiança de ter novas ideias, de "não conhecer a história da empresa", de não saber como o ambiente interno combatia quem vinha de fora. No entanto, tudo isso não foi o suficiente para me fazer desistir de mudar a realidade do que encontrei e iniciar a mudança que seria um marco na minha carreira, mas sem precisar demitir uma única pessoa da equipe de RH da minha regional.

Aprendizado: conheça quem são os integrantes do seu time, conheça o seu cliente, saiba quais os seus pontos fortes e fracos, saiba qual o propósito de cada um. Você vai precisar de tudo isso para promover a colaboração e a integração entre todos.

A conexão recuperada e a colaboração como combustível para o alto desempenho

Com a conexão estabelecida entre as gestoras de RH, analistas RH, analistas BP, clientes internos das áreas operacionais, áreas corporativas e demais regionais, o caminho estava pavimentado para que todo o processo de colaboração passasse a ser mais intenso e se tornasse parte de uma rotina de trabalho.

Passamos a adotar grupos de trabalho, com integrantes de diversas

João Teixeira

áreas do negócio, diferentes *skills*, para estudo de temas diversos, tais como: processos internos, conceitos de gestão de pessoas, sistemas de integração da informação, educação, entre outros.

Passamos a absorver pessoas oriundas da área operacional para fazer parte do time de atendimento e apoio do RH (área de educação, sistema e BP).

Passamos a eleger substitutos de todos os gerentes de RH, vindos ou não da própria gerência. Isso foi uma grande quebra de paradigma, já que a desconfiança/competição que existia no passado fazia com que os substitutos, quando eram formados, viessem somente de dentro das próprias gerências de RH, nunca de fora.

Passamos a fazer seminários de boas práticas, quando o que já existia de boa prática na nossa regional era compartilhado com as demais regionais.

Todas essas iniciativas, assim como várias outras que promovemos, passaram a fazer parte de uma forma de ser da nossa regional, iniciando um grande processo de mudança e integração em todo o RH da empresa.

Aprendizado: não abra mão de algumas convicções. Aquelas que o tornam vencedor devem ser aprimoradas, mas nunca abandonadas!

A crença

Durante o tempo em que estive como *head* de RH da regional dessa grande empresa, não foram poucas as vezes em que ouvi das minhas gerentes e dos gestores das áreas operacionais que eu atendia: "Aqui é diferente, cuidado!", "Você vai ser queimado aqui dentro se continuar entrando tão desarmado nas reuniões!", "Você não conhece a história dessa empresa!", "Não entre assim de peito aberto que vão te destruir!".

A minha resposta o tempo todo foi: "Trabalho para o melhor para a organização! Quero que as pessoas cresçam! Quero deixar aqui minha marca positiva! Não quero algo para mim, quero para todos os que estão e os que virão! Quero que o trabalho sirva para alguém que venha depois de mim!".

Isso é em que acredito, mesmo sabendo da disputa de poder que existe em cada organização. Não é o fato de existir uma disputa que também precisamos agir da mesma forma. Quem disse que não podemos ser os agentes dessa mudança de comportamento? Quem disse que não podemos melhorar o mundo? As grandes ideias e mudanças começaram pequenas, o que as fez vingarem, além de sua relevância, é a persistência de quem acreditou que era relevante.

Aprendizado: sou agente de mudança e a mudança vem de todos os envolvidos, portanto, não dá para abrir mão da colaboração! Se ela está presente, o sucesso é certo!

ENGAGE for Business

Conclusão

Ao longo da minha carreira aprendi a acreditar que a colaboração, não só no mundo corporativo, mas em todos os demais setores da sociedade, é a chave para solucionarmos quase todos os grandes problemas, principalmente quando falamos de diferenças sociais.

Se nós queremos diversidade, precisamos alcançar um alto nível de colaboração entre todos. Se queremos melhor educação, precisamos da colaboração de quem já atingiu um nível superior nessa área e queira compartilhar de forma efetiva a sua experiência e modelo com o outro. Quando falamos de colaborar, estamos falando de doar, entregar ao outro sem esperar algo em troca.

As pessoas sentem e percebem de forma diferente! Quando você encontra o que as conecta, a colaboração é inevitável! Isso eu aprendi vivendo a experiência comentada ao longo deste capítulo.

O engajamento vem da abertura que se dá e da transparência com a qual envolvemos o outro! Colaboração vem de pessoas que não imaginamos quando nos desarmamos das vaidades.

Tudo isso eu aprendi vivendo intensamente minha vida profissional, buscando me colocar no lugar do outro e vendo como poderia estabelecer uma conexão sincera, que pudesse abrir as portas para a colaboração, que para mim é o grande segredo das organizações e das sociedades bem-sucedidas.

Um grande abraço!

ENGAGE for Business

Capítulo 14

O valor da comunicação nas redes colaborativas

A comunicação é a base de uma relação, seja ela pessoal ou profissional. O objetivo deste capítulo é oferecer informações que você vai poder usar no seu dia a dia profissional e comunicar-se melhor em ambientes colaborativos. A autora traz alguns pontos de destaque para uma comunicação eficiente e que faça a diferença para a construção de redes colaborativas

Juliana Algodoal

ENGAGE for Business

Juliana Algodoal

Juliana Algodoal é fonoaudióloga e *coach* especialista na comunicação de profissionais no mercado de trabalho. Atuando nessa área há mais de 30 anos, foi uma das primeiras fonoaudiólogas a atuar com foco em comunicação dentro das empresas. Esse fato rendeu-lhe inclusive o prêmio de DESTAQUE EM VOZ, concedido pela SBFa, em 2008, sendo reconhecida como uma "exploradora de novas trajetórias". Sócia-fundadora da Linguagem Direta, trabalha atualmente com executivos de alto nível e empreendedores, preparando-os para se comunicarem com eficiência e desenvoltura junto ao público e à mídia, bem como usando tais ferramentas para ampliar seu potencial de inserção no mercado. PhD em Linguística Aplicada e Estudos da Linguagem na área da Análise do Discurso em Situação de Trabalho, mestre em Distúrbios da Comunicação e Fonoaudióloga, todos pela PUC/SP.

Contatos
www.linguagemdireta.com.br
jalgodoal@linguagemdireta.com.br
LinkedIn: Juliana Algodoal, PhD
(11) 98352-3722

Juliana Algodoal

Introdução

A comunicação é uma das *soft skills* mais importantes no mundo colaborativo. Quando nos comunicamos de forma consciente e efetiva, tudo vai bem, mas se falhamos, muitos problemas podem ocorrer tanto no ambiente real como no virtual.

Além das preocupações que já existiam para nos comunicarmos de forma clara, presencialmente ou por telefone, hoje acrescentamos a necessidade de atenção também aos meios digitais. Isso acontece porque, com o aumento do uso da tecnologia, houve a amplificação no uso da comunicação oral. Seja em áudios ou em vídeos, nos *webinars* ou nos canais do YouTube, falar e ouvir têm se valorizado e merecem atenção daquelas pessoas que querem se destacar em suas carreiras. E todos nós sabemos que conectores olham nosso perfil no LinkedIn ou no Instagram, por exemplo.

Já passou pela sua cabeça que quando você fala, anda, olha e gesticula, está transmitindo uma imagem? Se não passou, saiba que isso é COMUNICAÇÃO e é a mais pura realidade.

A comunicação facilita a colaboração entre as pessoas e é a base para profissionais que visam se conectar e realizar negócios, e também para que tenham mais resultados, já que facilita o caminho para o sucesso.

Comunicação em ambientes colaborativos

As conexões emocionais, o sentimento de confiança e a forma como cada um constrói suas relações profissionais são bastante variadas, pois suas histórias, maneiras de se relacionar e muitos outros aspectos são divergentes. O grande desafio é convergir a comunicação para que exista encantamento.

Quando ainda se valorizava a competição no trabalho, conheci uma profissional fazendo *networking*. Naquele dia, falamos rapidamente e trocamos cartões. Nos surpreendemos com o que fazíamos, pois parecia que éramos da mesma área. Na ocasião, atenta à necessidade de me conectar com ela, aproveitei a oportunidade e disse:

— Tenho certeza de que o que eu faço é diferente do que você faz! Fale-me um pouco do seu trabalho!

ENGAGE for Business

A partir daí começou uma grande parceria, porque foi possível falar das nossas diferenças.

O ponto interessante aqui é a ESCUTA atenta ao que nosso interlocutor fala e, também, o desejo genuíno de conhecer o outro para construir uma relação.

Quem nos ouve falando pensa diferente de nós e isso pode se transformar num problema de interpretação com impacto naquela conversa. Pode ser a solução para algo que você ou sua empresa precise. Bastando apenas escutar atentamente.

Muito se fala, até em ditados populares, que as "pessoas ouvem para responder e não para refletir". Se é o seu caso, desenvolva o hábito de escutar até o final. Pense para decidir se o que está sendo dito é uma opinião, uma sugestão ou uma pergunta, por exemplo. O sucesso de uma negociação está em escutar até o final.

Além disso, é importante que você saiba que toda comunicação é uma troca, na qual duas pessoas dão e recebem informações, dados, ideias. Assim, se você vai negociar com um profissional num ecossistema colaborativo, deve pensar o que espera dessa negociação e do que não abre mão. Escutar vai indicar o caminho para um ou outro.

Outra questão importante é olhar para quem fala com você. Tenho notado, em diversos ambientes que frequento, que as pessoas não olham umas para as outras. Isso se deve, parcialmente, aos *smartphones* e demais *gadgets* de última geração.

Um dos profissionais com os quais trabalhei estava se queixando de que o CEO da empresa não olhava para as apresentações realizadas, mas era um excelente profissional e muito querido por todos. Um diretor comercial se queixava de que seu cliente só ficava olhando o celular quando ele fazia reunião. O que essas histórias têm em comum? Falta um olhar que engaje a pessoa que está falando.

O que aprendemos aqui é que, para que seja possível uma conexão que gere confiança e uma relação profissional longeva, entre outras coisas, precisamos olhar e escutar a pessoa que fala e pensar antes de responder.

Mas não basta apenas olhar. É necessário algo a mais, e muitos estão buscando se preparar melhor para a vida profissional e pessoal, fazendo algum tipo de meditação, por exemplo, pois descobriram que meditar ajuda em diversos aspectos. O ponto principal que tenho percebido vem sendo chamado de PRESENÇA e tem facilitado em muito as relações profissionais, pois permite maior controle emocional entre outros aspectos.

Inúmeras pesquisas, especialmente as de neurociências, indicam que há um aumento significativo do controle emocional. Em relação à comunicação, o que ocorre é que esses profissionais de alto rendimento aproveitam melhor o que vivem em suas carreiras. No outro dia, observei que

Juliana Algodoal

um executivo da indústria farmacêutica, com quem venho trabalhando, tem notado que a meditação fez com que ele desenvolvesse a habilidade de escolher melhores palavras e o consequente sucesso nas negociações. Tenho certeza de que fará a diferença!

Comunicação significa tornar comum uma ideia, um pensamento, e quando nos conectamos emocionalmente com alguém, precisamos, necessariamente, nos preparar, pois todas as pessoas têm histórias de vida, experiências e conhecimentos diferentes entre si.

Dessa forma, quando estamos em um ambiente específico para fazer *networking*, como em uma rodada de negócios, por exemplo, nossa preocupação é com a apresentação pessoal e do negócio, o que é totalmente diferente quando já passamos para a fase de negociação, e também difere quando já estamos na etapa da entrega de um produto ou de um serviço.

Algo em comum a todas as etapas é a forma como devemos nos preocupar com a pessoa com quem falamos. Nesse sentido, preparar a comunicação é fundamental, e podemos considerar o que Kestenbaum (2008) sugere: focar numa comunicação que seja concisa, relevante e simples, para que nosso interlocutor nos entenda. O que isso quer dizer? A cada etapa de uma relação, refletir se aquilo que estamos falando é importante, se a pessoa está entendendo, falando o que precisa ser dito de forma assertiva e transformando o que é complexo em algo simples, como trocar termos técnicos por termos que a outra pessoa entenderá.

Apenas para exemplificar, quando vou a uma reunião de *networking* num ecossistema colaborativo, procuro me preparar, sabendo o que tenho a oferecer e o que desejo receber. Procuro usar uma estratégia bastante difundida chamada *elevator pitch*, que significa apresentar seu negócio, ou você, no tempo em que um elevador anda do térreo até determinado andar. O ideal é ter diversas formas de falar brevemente o que tem a oferecer e fazer a adequação de acordo com seu interlocutor. Por que é importante ter várias formas?

Porque cada pessoa é única e, se falamos da mesma forma com todos e a todo momento, desconsideramos ambientes e pessoas. Imagine, por exemplo, as adaptações que faz quando está falando numa festa ruidosa ou na sala de espera de um médico. Provavelmente, usa volume de voz bem alto na primeira e mais baixo na segunda. Da mesma forma, se o tema tratado é com um par, um líder ou alguém da sua equipe, há necessidade de adequar sua fala.

Algo que uso naturalmente nesse tipo de ambiente e que indico para quem me pergunta, além de olhar e escutar, tem o nome de 3 Vs da comunicação.

ENGAGE for Business

Primeiramente, procuro me preparar, identificando o que é que vou fazer – ou só vou assistir/escutar, no caso de uma palestra, por exemplo. E a primeira atitude que tenho é escolher como quero parecer, ou seja, escolho uma roupa que esteja adequada ao ambiente. Na sequência, preparo algumas formas de apresentar o que faço, o que posso entregar com meu trabalho, e completo pensando em tons da minha voz que vão indicar segurança ou decisão.

De forma mais específica, elencamos o que é necessário para que sejamos bem-sucedidos. Isso serve para qualquer ambiente profissional. Claro que as empresas estão mudando e hoje temos diversas relações, principalmente, existe menos hierarquia e isso também deve ser considerado quando você vai se comunicar.

Você deve estar se perguntando "O que são os 3 Vs"? São eles:

Visual – *how we look*

Vocal – *how we sound*

Verbal – *how we say*

Os três juntos e bem-feitos fazem com que nos destaquemos na comunicação, demonstremos que somos profissionais confiáveis e consigamos engajar e nos conectar.

Certa vez, um jovem executivo, por volta de 30 anos, foi promovido e sentiu necessidade de falar melhor durante reuniões. Entre os tópicos que chamavam atenção estava o fato de que ele não olhava para mim enquanto falava. Abordei o tema e ele se propôs a olhar as pessoas com mais atenção. O resultado o surpreendeu, pois não se dava conta e, ao mudar, obteve melhores resultados durante as reuniões. No caso dele, de nada adiantou falar e vestir-se bem, até que passou a olhar para as pessoas. Esse é um exemplo de algo que faz toda a diferença para uma comunicação eficiente e que aborda o campo VISUAL dos 3 Vs.

Nossa voz é fundamental para indicar nosso estado de espírito e é necessário ter atenção e cuidado quando se escuta as pessoas. Noto, por exemplo, que se alguém está falando muito rápido, talvez esteja com pressa, o que indica que preciso ser breve.

Particularmente, considero muito importante as pessoas usarem uma voz que combine com o conteúdo. O estilo de comunicação permite identificar se é um profissional mais seguro ou decidido, ou alguém que ainda está inseguro, entre inúmeras opções.

Aspectos que indicam se a conexão emocional foi feita ou não naquela relação e alguns cuidados fazem toda a diferença, como: se você fala rápido o tempo todo, quando tiver pressa não terá a oportunidade de mostrar o senso de urgência aumentando a velocidade da fala. Outro ponto se refere ao uso de pausas na estrutura de uma frase. Quando se trata de uma etapa de negociação, é fundamental saber falar com pausas para que a troca de turnos de fala seja clara, e para que a

Juliana Algodoal

negociação ocorra de forma fluída. E aqui entra também aquela pessoa que fala muito e por muito tempo, que impede que o outro fale, prolixo.

Recentemente, estava numa reunião entre conectores, e uma das pessoas – que estava se apresentando publicamente – não parava de falar, não fazia pausa e não respeitava o palestrante principal. Ao observar quem estava ali para a palestra principal, notei que havia certo mal-estar. Além desses, outros problemas podem ser identificados, por exemplo, quem fala muito alto geralmente é visto como um profissional mais invasivo se trabalha em escritório compartilhado, e como um excelente palestrante se fala sem microfone e é ouvido por todos.

O que aprendi convivendo entre profissionais que conectam sobre o VISUAL e o VOCAL é que os mais bem-sucedidos os utilizam com maestria e naturalidade. E aqui cabe um adendo: eles são autênticos.

Ainda temos um V para detalhar e vou começar contando o caso de uma diretora financeira que notou que seu time estava lidando muito bem internamente, isto é, havia um fluxo de comunicação ágil e produtivo, mas sua equipe era malvista pelas demais áreas da empresa por não saber se comunicar. Fizemos um trabalho de comunicação internamente e levantamos formas pelas quais aquelas pessoas poderiam falar palavras que facilitassem a compreensão das demais áreas e estratégias de fala que valorizassem o conteúdo com resultados bem satisfatórios. Aqui, um ponto de atenção foi a escolha do vocabulário que seria utilizado.

Como saber se você está se comunicando bem entre diversos profissionais que são conectores? A resposta é simples: se as pessoas gostam de estar com você, ficam ao seu lado e trocam ideias, certamente está sendo eficiente do ponto de vista da comunicação.

Conclusão

Evitar ansiedade ao tratar com as pessoas, preocupar-se com a compreensão do outro e a forma como as relações são estabelecidas fortalece nossos negócios, especialmente em ambientes onde a colaboração e as conexões emocionais são parte da estrutura.

Ter coerência entre o gesto que usamos, nosso tom de voz e as palavras ditas nos valoriza como falantes e profissionais de excelência.

Nós nos comunicamos o tempo todo, mesmo quando não abrimos a boca. A comunicação eficiente e consciente ocorre quando você fala para uma plateia ou numa reunião, numa negociação, em reuniões dentro e fora da empresa, com sua equipe, na orientação de um trabalho que precisa ser entregue, no *networking* e em muitas atividades pessoais e profissionais.

Em um ambiente colaborativo como a ENGAGE for Business, comunicar-se bem é a base de muitas relações, negócios e parcerias que são alguns dos pontos fortes ao fazer parte!

ENGAGE for Business

Referências

ANDERSON, Chris. *TED Talks*. Editora Intrínseca, 2016.

CUDDY, Amy. *O poder da presença*. Editora Sextante, 2016.

KESTENBAUM, Normann. *Obrigado pela informação que você não me deu*. Editora Campus, 2008.

KYRILLOS, Leny & JUNG, Milton. *Comunicar para liderar*. Editora Contexto, 2015.

MAXWELL, John C. *Everyone communicates few connect*. Editora Thomas Nelson, 2010.

URY, William. *Como chegar ao sim com você mesmo*. Editora Sextante, 2015.

ENGAGE for Business

Capítulo 15

Chegue aonde quiser com apenas seis contatos

Você sabia que são necessários até seis laços de amizade para que duas pessoas, inclusive aquele cliente potencial, estejam conectadas? O *networking* é uma via de mão dupla, primeiro você ajuda e depois é ajudado. Redes colaborativas promovem integração, parcerias, geração de negócios e valores

Marcelo Simonato

ENGAGE for Business

Marcelo Simonato

Graduado em administração de empresas pela Universidade Paulista; pós-graduado em finanças empresariais pela FGV – Fundação Getulio Vargas; MBA em gestão empresarial pela La Salle University, na Philadelphia, EUA. Experiência de mais 20 anos em grandes empresas nacionais e multinacionais, em cargos de liderança. Já realizou diversos treinamentos nas áreas de liderança e comportamento humano. Escritor, palestrante e mentor de carreiras em todo o Brasil. Professor convidado pela Universidade Presbiteriana Mackenzie e pelo SESCON – Sindicato das empresas de serviços e contabilidade do Estado de SP. Facilitador formado pelo Instituto Haggai Internacional, na área de liderança.

Contatos
www.marcelosimonato.com
contato@marcelosimonato.com
LinkedIn: Marcelo Simonato
Facebook, Instagram e YouTube: Marcelo Simonato Palestrante
(11) 98581-4144

Marcelo Simonato

Pense em alguém que, em sua opinião, é impossível ter qualquer tipo de contato. Acredite, há uma distância de até seis pessoas entre vocês! Para quem não sabe, Stanley Milgram criou um conceito fantástico denominado *A teoria dos seis graus*. Por meio de um estudo científico, concluiu que podemos chegar aonde quisermos em até seis conexões, ou seja, por meio de nossos contatos.

Para alguns, essa teoria pode até soar como novidade, entretanto, deixe-me contar a história que aconteceu comigo.

Em 2008, eu havia sido desligado de uma empresa e ainda estava buscando entender o que havia acontecido, quando recebi a ligação de uma amiga (primeiro contato) me dizendo que não sabia exatamente como, mas gostaria de me ajudar a conquistar um novo trabalho.

O seu nome era Nice, uma boa amiga de nossa comunidade religiosa. Ela trabalhava na prefeitura da cidade de Itu – São Paulo, e me apresentou ao responsável pelo setor de cidadania do município (segundo contato).

Ao chegar no departamento, não sabia muito bem como aquele homem, César, poderia me ajudar na busca por um novo emprego, pois imaginava que, naquele momento, ele lidava apenas com vagas mais operacionais e, naquela altura da vida, eu já era um gerente que atuava em multinacionais.

Pois bem, após me apresentar e conversarmos por um tempo, César me disse que não havia vagas de emprego para o meu perfil profissional, e o que ele poderia fazer era me apresentar para uma outra pessoa, que trabalhava para uma das vereadoras da cidade.

Pensei comigo: trabalhar para partido político não está nos meus planos! Mas, ainda assim, agendei uma conversa com o Claudinei (terceiro contato).

Claudinei era o tesoureiro e administrador do comitê político de um partido na cidade e, prontamente, me recebeu esperando que eu fosse mais um morador da cidade necessitando de alguma ajuda para o bairro.

Conversamos por um longo período e descobrimos que tínhamos alguns amigos em comum na cidade. Ao final da conversa, ele me disse que eu deveria conversar com a vereadora Rita (quarto contato), pois ela poderia me ajudar.

ENGAGE for Business

Eu ainda estava com aquele preconceito em mente e repetia para mim mesmo: "eu não quero trabalhar na política".

Uma vez agendada a audiência com a vereadora, fui até o seu gabinete sem saber muito bem em que ela poderia me ajudar, mas mesmo assim fui.

Chegando ao seu escritório, para minha surpresa, fui muito bem recebido, ela mostrou genuíno interesse em me ajudar. Entreguei o meu currículo e, após ler atentamente, ela me disse que não havia espaço em seu time para me contratar, porém conhecia muita gente e poderia me recomendar para algum de seus contatos. Mais uma vez, o *networking* estaria fazendo a diferença.

Perguntou-me, então, se havia alguma empresa na qual eu teria interesse de trabalhar e, após mencionar algumas das principais, ela perguntou se eu teria interesse em conhecer o presidente da Kia Motors do Brasil (quinto contato).

Obviamente que, naquela altura do campeonato, ter acesso ao presidente de uma grande empresa era algo que me interessava muito, logo, a minha resposta foi um sonoro sim.

Na sequência, ela puxou o celular do bolso, como alguém que liga para um amigo ou parente, digitou um número de telefone e logo estava conversando diretamente com o Sr. José Luiz Gandini.

Lembro-me como se fosse hoje, ela dizendo: "Zé, como vai? Olha, estou aqui com um rapaz muito bom, tem um currículo extraordinário, acho que você vai gostar de conhecê-lo". Mais alguns minutos de conversa e, depois de encerrar a ligação, ela me disse: "O Zé Luiz está esperando você na sede da Kia, corre para lá, agora mesmo".

O que vocês acham que eu fiz?

Sim, corri para a sede da Kia Motors do Brasil em Itu e procurei o Sr. José Luiz Gandini. Eu não sabia se ele tinha uma vaga de emprego ou não, mas, mesmo que não tivesse, aquela era a chance de me apresentar e me tornar conhecido por ele.

Após algum tempo de espera, finalmente fui recebido em seu escritório que, por sinal, era maior do que o meu apartamento. Em meio a uma grande mesa de trabalho, uma mesa de reuniões e um jogo de sofás, ele me recebeu atenciosamente. Nós nos sentamos em duas poltronas em frente a uma janela de vidro com uma paisagem incrível.

É nessas horas que temos que manter a tranquilidade, para saber nos posicionar e transmitir, com segurança, as informações que possam nos ajudar a conquistar aquilo que desejamos.

Lembrei que o Sr. José Luiz também gostava de andar de moto e que, inclusive, havia feito o mesmo passeio que eu pela Route 66, nos Estados Unidos, alguns anos antes de mim. Aproveitei-me disso para iniciar uma conversa amistosa e descontraída, o famoso "quebra-gelo".

Marcelo Simonato

O bate-papo foi muito agradável e, mais uma vez, descobri que tínhamos amigos em comum, o que certamente poderia me ajudar, caso ele estivesse pensando em me contratar.

Passamos ao tema proposto para a reunião, apresentei-me profissionalmente e expliquei toda a minha saga até chegar àquele momento.

Ele observava o meu currículo atentamente e, depois de alguns minutos, olhou diretamente nos meus olhos e disse: "olha, o seu currículo é muito bom mesmo, acho que não tenho ninguém trabalhando para mim com toda essa experiência no momento, porém não tenho uma vaga adequada para você agora".

Sabe aquele sentimento que é uma mistura de alegria pelo elogio recebido, mas, ao mesmo tempo, de frustração por não ter uma vaga de emprego? Pois é, eu estava assim...

Agradeci imensamente pelo tempo dele e me coloquei à disposição. Valorizei a questão de tê-lo conhecido e reconheci a minha profunda admiração pelo seu trabalho como empresário e empreendedor. Reafirmei o ponto de que, a partir daquele momento, ele sabia que eu existia e, havendo qualquer demanda, saberia onde me encontrar.

A teoria dos seis graus

O estudo de Stanley sucedeu nos Estados Unidos e buscou, por meio de cartas, localizar o número de laços existentes entre duas pessoas comuns.

Segundo a Wikipédia, cada indivíduo recebia uma carta identificando a pessoa-alvo, e deveria enviar uma nova carta para a identificada, caso a conhecesse, ou para uma qualquer de suas relações, que tivesse maior chance de conhecer a pessoa-alvo.

A pessoa-alvo, ao receber a carta, deveria enviá-la aos responsáveis pelos estudos, até formar um círculo de seis indivíduos. Ou seja, a pessoa do estudo conhecia alguém que conhecia alguém que também conhecia alguém até chegar à pessoa identificada.

Imagine...

Suponhamos que você queira apresentar o seu plano de negócios para o Roberto Justus, por exemplo.

Conforme a lei dos seis graus, para chegar a ele, você precisará de até seis contatos. *O networking* entra em cena justamente aí, fazendo todo o trabalho de conectar uma pessoa a outra, afinal, com certeza, em seu meio de contatos há alguém que conhece alguém que conhece outro alguém que conhece o Roberto Justus.

Agora que você já sabe que é possível se conectar com qualquer pessoa, e que talvez aquele empreendedor, gerente ou investidor está a seis passos de você, que tal entender melhor como o *networking* funciona?

ENGAGE for Business

Muito se tem falado em *networking*, porém poucas pessoas conhecem de fato a linha tênue que ele oferece!

O *networking* é uma via de mão dupla!

Todos querem realizar e se beneficiar do *networking*. É verdade, todos, sem exceção, querem encontrar os tais "QIs" (quem indica), para ser indicados, favorecidos ou selecionados para, então, vender suas ideias, negócios e serviços.

Até porque, se estamos a seis passos da pessoa-alvo com quem desejamos negociar, por que não "usar e abusar" do *networking* com todas as armas de sedução que detemos?

Sim, até parece que todo o nosso interesse é uma atitude inocente e, supostamente, despretensiosa, todavia, o *networking* tem princípios e nós vamos entendê-los a partir de agora.

O problema é que, muitas vezes, somos meros Belchiores na carreira: apenas um rapaz latino-americano sem dinheiro no banco, sem parentes importantes e recém-chegado do interior.

Sem "eira nem beira", totalmente desconhecidos e recém-chegados ao mercado, nós já queremos "sentar na janelinha".

Buscando fazer contatos e negócios "a torto e a direito", às cegas, em excesso, sem nada a oferecer que sustente a nossa oferta, fazemos *networking* de maneira errada, criamos contatos que sempre acabam "morrendo na praia". O pior de tudo é que ainda temos a audácia de acreditar que vamos alcançar o sucesso dessa maneira!

Diversos profissionais, para forçar um *networking* a vingar, decidem se filiar a grupos, participar de reuniões e *workshops* do segmento desejado, além de frequentar locais, a fim de angariar alguns "QIs" e usá-los para se promover no mercado, um caminho totalmente inverso do que o real *networking* propõe.

Matheus Souza, Nômade digital que escreve e empreende cursos *on-line*, disse: aproximar-se de alguém apenas por interesse pode ser chamado de várias coisas, menos de *networking*.

Então, se você é uma pessoa que foi educada com essa mentalidade, por favor, pare! O *networking* tem a ver com conexões genuínas. Existe uma poesia por trás dos bastidores.

É sobre conhecer pessoas que pensam igual, compartilhar ideias sem segundas intenções e gerar negócios. São ligações despretensiosas que acabam, por naturalidade, gerando negócios, vendas e novas parcerias.

"Ei, o cara que você me indicou foi uma furada!"

Vemos o crescimento espantoso da compra de seguidores, curtidas e comentários, tudo para atrair mais contatos, conexões e dinheiro, mas isso não é *networking*!

Marcelo Simonato

Até mesmo o escritor Nimrod Kamer, em sua obra, *The social climber's handbook: a shameless guide*, zombou dos famosos compradores de conexões. Ele os denominou de alpinistas sociais, aqueles que compram ferramentas para alcançar novos contatos, ao invés de se relacionarem verdadeiramente com eles.

Infelizmente, os alpinistas sociais ainda enganam muita gente ingênua. Afinal de contas, você recusaria uma reunião com um sujeito que tem 100 mil seguidores, por exemplo? Certamente que não, e é assim que eles acabam vendendo mais webinários, palestras e consultorias sobre qualquer coisa sem sentido por aí.

Você pode até pensar que, "bem ou mal", o cara conseguiu se destacar, mas o fato é que um profissional ruim, que mente sobre seus contatos, não tem segunda chance, ou melhor, ele não será convidado pela segunda vez para uma reunião. E lá se foi toda a farsa dele!

As marcas buscam por credibilidade mais do que números, uma hora "a casa cai", e só restará o *feedback* negativo: "aquele cara que você me indicou era o maior picareta!".

Por fim, quem trabalha sozinho, fingindo ser importante e comprando contatos não entendeu ainda o poder do colaborativismo e o senso de pertencimento. O *networking* está a seis passos de você, mas ele é semelhante a uma linda garota sozinha e sentada à mesa de um bar.

Você não pode chegar de qualquer jeito, querendo forçá-la a conversar, inventando histórias para seduzi-la e nem pode usá-la como bem entender. Porém, por meio de uma troca de ideais, valores e experiências, ela aceitará que você pague uma bebida, por livre e espontânea vontade.

Voltando a minha experiência pessoal...

Aquele contato despretensioso com a moça da minha comunidade (primeiro contato), que resultou no meu encontro com o presidente da Kia Motors do Brasil (quinto contato), foi uma prova da força do *networking* e da teoria dos seis graus.

Passados dois meses de nossa conversa, e já não tendo nenhuma expectativa sobre alguma possibilidade de emprego, recebi uma ligação em meu celular, diretamente do Sr. José Luiz. Ele me disse: "boa noite, Marcelo, aqui é o Zé Luiz". Eu não reconheci a voz e muito menos o nome, por isso retruquei: "desculpe, mas Zé Luis de onde?". Ele deu uma gargalhada e respondeu: "José Luiz Gandini, aqui da Kia".

Foi o suficiente para que as minhas pernas começassem a tremer, mas segurei firme e iniciamos uma conversa.

Segundo Zé Luiz, depois de nossa conversa, ele ficou intrigado e pensando em como poderia fazer para me contratar, foi por isso que me ligou. Agendamos uma nova reunião presencial, ele me apresentou o diretor financeiro do grupo, o Sr. Rui (sexto contato) e ambos começaram

ENGAGE for Business

a me apresentar um projeto bastante interessante. A empresa desejava abrir um banco. Pois é, um banco, o banco Kia, e gostariam de saber se eu teria interesse em conduzir o projeto.

Imagine a minha alegria e euforia ao ouvir isso. Porém, ao mesmo tempo, um sentimento de medo tomava o meu subconsciente, que dizia que eu não seria capaz de liderar aquela ideia.

Com toda precaução, pedi que me dessem mais informações e, antes de dizer sim ao projeto, pedi um tempo para avaliar a proposta. O resto dessa história poderá ser encontrada em meus artigos, entrevistas e livros.

O mais importante é que ela é verídica e, se aconteceu comigo, pode com você também, por isso quero incentivá-lo a focar naquela pessoa-alvo, que está a uma distância de até seis pessoas de você, e utilizar o *networking* de maneira assertiva, genuína e recíproca, para atingir os seus objetivos.

Lembre-se: uma abordagem que ultrapassa essa linha e não busca uma relação ganha-ganha não é *networking*.

ENGAGE for Business

Capítulo 16

Colaboração é naturalmente a melhor maneira de ascender profissionalmente e evoluir pessoalmente!

Depois do 1º contato formal sobre "colaboração" no contexto corporativo, fui aprendendo que tudo circunda em torno desse comportamento exemplar. Dá o Norte, a base, e muitas das vezes conduz as pessoas a atingirem seus objetivos e suas metas pessoais. A "colaboração" faz mais sentido quando é por vontade de querer contribuir. Para elucidar melhor ao amigo leitor, nas próximas páginas cito alguns casos em que tive a oportunidade de poder colaborar

Marcos Fernandes das Neves

ENGAGE for Business

Marcos Fernandes das Neves

Brasileiro, paulistano, filho de pais de origem luso-italiana, pessoas com muita vontade de vencer por meio do trabalho digno e honesto. Hoje, com 53 anos, casado e pai de dois filhos. Administrador de empresas – graduado pela FIJ – RJ (1999) e pós-graduado em gestão empresarial pela Fundação Dom Cabral – MG (2002). Analista P.I. (Índice Preditivo) pela Arquitetura Humana (2008) e *Leadership Coaching*, por Hélcio Santiago – *Master Coach* ICI (2013). Carreira sólida na indústria de bens de consumo, no segmento de bebidas *soft drink*; responsável pela direção da operação, com ênfase na área comercial. Seu diferencial é ter se tornado um líder inspirador, coerente na tomada de decisão e desenvolvedor de pessoas. Perfil profissional voltado para a execução do trabalho de qualidade e com excelência na obtenção de resultados.

Contatos
padraomn.wordpress.com
marneve1@hotmail.com
LinkedIn: Marcos Fernandes das Neves
Telegram: @marnev

Marcos Fernandes das Neves

Colaboração intuitiva

Darei início à narrativa contando a minha 1ª experiência de "colaboração", aos 15 anos de idade, na função de "contínuo" em uma grande instituição financeira. Vivenciei um singelo exemplo de "colaboração". A pessoa mais importante da agência bancária sempre notava que meus sapatos estavam bem gastos. Um dia, atravessou a rua comigo ao seu lado, entrou em uma loja de calçados, e me presentou com um par de sapatos novo.

Como eu era o responsável por atender os clientes no setor da Gerência, usar roupas e sapatos com boa aparência era importante para o negócio. Desse dia em diante, essa simples atitude me serviu como exemplo. Aprendi que é preciso preservar um comportamento de "colaboração" em todas as situações da vida, por menores e mais tolas que possam parecer.

Decorridos alguns meses, fui transferido para outro setor. A "colaboração" era diária entre as pessoas do setor fiscal. O volume de trabalho era intenso, e não tínhamos tempo nem de piscar os olhos. Agilidade, rapidez e vontade eram comportamentos essenciais.

Em um curto espaço de tempo, meu espírito colaborativo era bastante conhecido e surgiu uma nova transferência. Fiquei responsável em auxiliar a coordenadora da área de pagamentos da agência. Nada de novo se não fosse a licença-maternidade da mesma, dois meses depois da minha chegada.

Com a ausência da coordenadora, fui indicado pela mesma pessoa dos "sapatos" a assumir toda a responsabilidade do setor nesse período. Poderia parecer um absurdo naquele momento, mas hoje posso afirmar que foi uma decisão bem coerente. E explico o porquê.

Quando mantemos uma postura de "colaboração", atrelada à responsabilidade e seriedade com o trabalho, estabelecemos comportamentos básicos, porém muito observados por todos que estão ao nosso redor. Uma simples forma de nos tornarmos elegíveis para novas oportunidades.

Colaboração pela vontade

Sabe quando nos deparamos com um mar de oportunidades atrelado à convicção de que fazendo a coisa certa seus objetivos e metas

ENGAGE for Business

serão alcançados? E é isso o que aconteceu nessa minha 2ª experiência de "colaboração" trabalhando em uma grande fábrica de bebidas.

Antes de ser efetivado, fiz um teste de direção de veículo leve e, em seguida, me ofereci para fazer o teste no veículo pesado, o que não era obrigatório. Essa postura de "colaboração" me tornou o único vendedor de uma equipe de 70 pessoas que tinha a autorização da empresa para dirigir dois tipos de veículos.

Além de ter me tornado um profissional diferenciado, também me colocava à disposição dos gestores todas as vezes em que havia a necessidade de se levantar as dificuldades das entregas das vendas, dos setores de todos os outros vendedores.

Nesse mesmo período, fiquei sendo o vendedor designado para atuar nas rotas que tinham os maiores problemas logísticos, e que comprometiam a *performance* de vendas. A minha atuação se concentrava em organizar o atendimento dos clientes em dia e hora, garantindo que aquilo que se vendia seria entregue.

Acredito que essa experiência de "colaboração" ampliou muito mais a minha condição de vanguarda, com o propósito de "colaborar" com as pessoas em relação às obrigações e responsabilidades pelos resultados com a empresa.

Aprendi também que não era uma condição fácil de se assumir, em virtude da competição interna na empresa. Entretanto, quando há uma predisposição em "colaborar", você precisa se dedicar mais, comprometer-se mais, assumir compromissos com as pessoas e processos, trabalhar mais e mais duro.

Colaboração recíproca

Eu não! Nós...

Essa era a frase que estava gravada nos quadros espalhados por todas as salas da empresa nessa minha 3ª experiência de "colaboração" trabalhando em uma grande fábrica de cerveja, que chegava ao mercado brasileiro para quebrar uma prática comercial de venda casada.

Era 1990, o comportamento de "colaboração" se tornava cada vez mais disseminado no mundo corporativo, levando as pessoas a iniciarem uma mudança real nas empresas. Esse valor estava presente principalmente na formação dos profissionais, na postura da liderança e no programa de desenvolvimento de talentos.

Nessa experiência, o ritmo acelerado de crescimento determinava um alto nível de capacitação dos funcionários de todos os setores, visando obter cada vez mais "contribuição com continuidade" e "manutenção do resultado".

O nível de "colaboração" ao qual todos eram submetidos estava muito acima da média de mercado. Todos trabalhavam como uma engrenagem integrada e interligada, fazendo com que os processos, projetos e procedimentos avançassem na mesma velocidade.

Marcos Fernandes das Neves

A melhor forma que encontrei para potencializar minha postura colaborativa foi no meu aprimoramento de conhecimento intelectual e técnico. Tive a oportunidade de crescer e assumir funções de maior responsabilidade em um curto espaço de tempo, sempre pronto em atender a demanda que o negócio exigia.

Com essa experiência, aprendi que a "colaboração" deve vir da crença que se tem sobre aquilo que se propõe a fazer. Manter um relacionamento profissional com as pessoas é importante, mas não é o mais relevante. Sobretudo, o legado que fica é a melhoria do negócio para quem está e para aqueles que virão.

Colaboração contagiante
Bem-vindo ao inferno...

Essa foi a frase que ouvi descendo do avião na minha 4ª experiência de "colaboração", trabalhando em outra grande fábrica de bebidas. Foi o lugar que vivenciei mais de perto o valor e o comportamento, com a mesma intensidade.

Embora houvesse essa energia colaborativa entre as pessoas, os processos estavam fragmentados e sendo deturpados por alguns. Além disso, o distanciamento entre as áreas também causava alguns ruídos na "colaboração" entre as pessoas.

Ao assumir a responsabilidade de desenvolver a área de Planejamento Comercial, tínhamos a missão de suportar os processos das áreas organizacionais da fábrica, para a tomada de decisão, exigindo um alto nível de "colaboração".

Traduzindo essa "colaboração" em ação: identificamos os talentos e nomeamos as pessoas para assumirem funções de liderança para as áreas estratégicas. Concretizamos, em um curto espaço de tempo, a reestruturação da equipe operacional e a criação de modelos de atividades comerciais. Definimos as políticas de preço, a rotina da compilação dos dados mercadológicos e os mecanismos operacionais de vendas.

Como tínhamos contato diário com muitas pessoas de diversas áreas e níveis hierárquicos, percebíamos que o processo fluía com mais agilidade e eficácia quando encontrávamos "colaboração".

Uma vez que disseminamos essa postura de "colaboração", conseguimos desenvolver o planejamento de forma integrada com as áreas, aumentando o nível de comprometimento e sentimento de dono. Os indicadores estratégicos e as metas eram amplamente negociadas e validadas pelos respectivos responsáveis, obtendo mais assertividade.

Colaboração na mudança do modelo mental
Vamos fazer o resultado de três anos em um...

Essa foi a frase que ouvi quando me convidaram para a minha 5ª

ENGAGE for Business

experiência de "colaboração" em uma outra fábrica de bebidas, que foi incorporada ao negócio.

Todos sabemos que o ser humano tem como 1ª reação a negação na hora da mudança. Embora eu já tivesse vivenciado algumas incorporações de empresas, nessa experiência liderei o processo de transição organizacional de 2 fábricas, 9 centros de distribuição e mais de 2 mil funcionários.

Como já posso adiantar, obtivemos pleno sucesso nesse projeto. Dentre alguns fatores que contribuíram para esse resultado, como pessoas comprometidas e a assertividade da implantação dos processos, ressalto que o comportamento de "colaboração" foi o fator-chave que possibilitou os êxitos citados a seguir.

Na área comercial, alteramos a estratégia da política de preços, travamos a prática de bonificação e implementamos o incentivo de preço ao varejo. Com isso, ganhamos participação de mercado, aumentamos os clientes e a cobertura das principais marcas e embalagens.

Na estrutura organizacional da empresa, reduzimos em 1/3 o quadro da liderança e mantivemos as equipes motivadas e focadas na superação dos resultados.

Ajustamos a política de remuneração fixa e variável da área comercial e implementamos a reestruturação das rotas, novos níveis de serviço, frequência de visitas e cortes geográficos.

Feito, feito e feito. Tudo em 12 meses! "Colaboração" com o negócio, com todos os funcionários na obtenção do PR e com os acionistas na superação do EBTIDA e na adequação dos processos.

Colaboração quando não há colaboração

Sol & ar, dois elementos sinérgicos da natureza...

Essa foi a frase que criei para este artigo a fim de introduzir o relato da minha 6ª experiência de "colaboração" e uma reorganização empresarial.

Vamos direto ao assunto: colaborar com pessoas que não estão dispostas a receber, por questões adversas e que você não controla, pode nos levar ao seguinte pensamento: todo o conhecimento adquirido e toda história de sucesso e aprendizado não servem para ser adotados nesse processo.

Mas é claro que "sim"! Não caia nessa armadilha organizacional! Sua "colaboração" sempre será útil nesse cenário ou em qualquer outro. Nesse caso, a maior lição para que seja mantida a postura de "colaboração" está nas habilidades de resiliência, persuasão, empatia e flexibilidade.

Entender o modelo mental do interlocutor e buscar o consenso no processo tornam as pessoas melhores. Para que suas ideias tenham um melhor entendimento das pessoas, é necessário conquistar credibilidade por meio do exemplo, conhecimento, seriedade, respeito e ética.

Marcos Fernandes das Neves

Mesmo em um cenário adverso, com o amadurecimento profissional conseguimos alcançar um alto nível de "colaboração" da seguinte forma:

i. Exercendo a liderança exemplar e delegando autonomia com responsabilidade;

ii. Mantendo as equipes com foco no resultado por meio da gestão de todos os processos;

iii. Transparência nas negociações com liderados e lideranças;

iv. Ampliação do domínio do negócio;

v. Acompanhamento da operação *in loco*, visando apoio, e o planejamento com antecedência.

Redescobrindo a "colaboração"

Nunca perca as suas origens...

A minha última experiência de "colaboração" que gostaria de citar foi um absoluto resgate desse grandioso processo e sua essência. Algumas pessoas se sentiam "fora" de um novo processo organizacional. Isso aconteceu devido à empresa ter concentrado todas as tomadas de decisão na nova matriz, abdicando das questões regionais de cada Unidade de Negócio.

A minha "colaboração" se concentrou na "conexão" entre os formatos das mudanças matriciais e a forma como a equipe absorvia e implementava os novos modelos do negócio e mecanismos de gestão, conceitos, valores, políticas e processos.

A transição foi conduzida com transparência, coerência e disciplina, liderando os indicadores estratégicos e obtendo os melhores desempenhos de toda a nova empresa. Investi tempo no *coaching* da liderança; um dos fatores fundamentais para o sucesso da adaptação. Exerci o acompanhamento individual sobre os líderes, monitorando as evoluções de conhecimento e domínio dos novos fluxos.

A liderança pelo exemplo possibilitou que as equipes operacionais assumissem novos papéis, absorvessem diferentes indicadores estratégicos, táticos, e aceitassem os formatos exigidos de resultado e desempenho.

A "colaboração" se mistura com a crença de que tudo está sendo feito para a melhoria contínua. Todas as propostas de mudanças foram implantadas, facilitando a forma de trabalho, possibilitando melhores e maiores resultados. **A "colaboração" começa em você, para você e para benefício das pessoas que o circundam.**

ENGAGE for Business

Capítulo 17

Sonho + colaboração = sucesso

Um sonho que não se transforma em realidade é apenas um desejo que não produz nada. Porém, quando pessoas acreditam e se engajam na realização de um sonho, elas são capazes de alcançar grandes coisas e de mudar o seu próprio mundo! Descubra como a colaboração pode transformar vidas, famílias, empresas e a sociedade!

Mário Kaschel Simões

ENGAGE for Business

Mário Kaschel Simões

Empresário, escritor e palestrante internacional, especialista nas áreas de comunicação, motivação, relacionamentos, desenvolvimento pessoal e liderança. Já ministrou palestras no Brasil, África do Sul, Argentina, Itália, Cingapura, Malásia, Romênia, Índia, Estados Unidos, Porto Rico e Havaí. Falou ao vivo para mais de 140 mil pessoas desde 2013. Palestrante certificado pelo John Maxwell Team. Docente internacional do Haggai International. Fundador da EIPG (Escola Internacional Preparando Gerações). Foi relações públicas do Consulado Americano de São Paulo. Acadêmico da APEL. Formado em Jornalismo pela L.S.U., nos Estados Unidos.

Contatos
www.mariosimoes.com
contato@preparando.com.br
Facebook: @marioksimoes
LinkedIn.com/in/marioksimoes
Instagram: marioksimoes
WhatsApp: +55 (11) 95267-1236
+55 (11) 4411-6333

Mário Kaschel Simões

Segundo o dicionário, colaborar é a junção de duas palavras: "co" = junto, ao lado de; "labore" = trabalho. Portanto, colaborar significa trabalhar junto, ao lado de uma ou mais pessoas. Refletindo sobre esse tema, pude perceber que o sucesso da minha vida empresarial, social e familiar se deve ao princípio da colaboração.

Não se lidera sozinho.

Nenhum líder, CEO, diretor, gerente ou supervisor consegue realizar algo significativo trabalhando sozinho. É necessário que pessoas acreditem naquele sonho ou projeto. Meu mentor, dr. John C. Maxwell disse: "O número 1 é pequeno demais para realizar grandeza."

O sonho inicial pode ter sido originado pelo líder, porém, para que ele seja realizado, é necessário que haja o engajamento de um grupo de pessoas. Só então o sonho toma forma e começa a se materializar.

Um sonho

Anos atrás, minha esposa Priscila e eu começamos a ficar muito frustrados com a maneira pela qual nossos filhos, ainda pequenos, estavam desaprendendo na escola. Não me refiro à Matemática, Português, História e Geografia, mas sim aos valores, caráter, ética e integridade.

A gota d'água foi quando nosso filho de 5 anos nos informou que seu colega havia levado para a escola uma revista pornográfica. Ao questionarmos a instituição, esta se posicionou de forma neutra e indiferente ao ocorrido.

Isso nos levou a deixar de fazer parte do problema para fazer parte da solução. Ao conversar com minha esposa, disse: "Precisamos empreender uma escola diferente, que seja bilíngue, excelente e voltada à formação de caráter das crianças!".

Depois de refletir por alguns dias, minha esposa acreditou no sonho e começou a dar ideias sobre os próximos passos a serem seguidos.

Nas semanas e meses seguintes, começamos a compartilhar a visão com outras pessoas. Algumas riram e duvidaram, enquanto outras sorriram e acreditaram!

Em 2 de fevereiro de 2002 foi inaugurada a EIPG – Escola Internacional Preparando Gerações. Em 2016, essa escola recebeu o prêmio de uma das 100 Melhores Escolas do Brasil no quesito em satisfação dos pais.

ENGAGE for Business

Cada pessoa na sua família e empresa é importante. Desde o faxineiro até o financeiro, do pintor ao diretor.

Alguém declarou que "A corrente é tão forte quanto o seu elo mais fraco." Não adianta uma empresa desenvolver um ótimo produto e ter um péssimo atendimento ao cliente, ou vice-versa.

No caso da escola, se um monitor na portaria entrega um aluno para a pessoa errada, pode ser o fim daquela instituição de ensino.

Quando a escola iniciou, e tínhamos mais despesas do que receita, conseguimos preencher algumas vagas na área administrativa com voluntários, que trabalharam em troca de bolsa de estudos para seus filhos. Quando a situação financeira da escola foi melhorando, esses voluntários foram contratados e efetivados, e quase 20 anos depois, continuam trabalhando no colégio, mesmo depois de seus filhos já terem se formado.

Na EIPG, todos os colaboradores são educadores. Na rede de Hotéis Tauá, todos são encantadores. Na Disney, todos são *cast members*" (membros do elenco). Se em algum parque da Disney uma criança derruba sem querer seu sorvete no chão, a pessoa de limpeza, além de limpar o chão imediatamente, tem a autonomia de dar um novo sorvete de graça para o seu *"guest"* (convidado).

Todos na empresa têm a responsabilidade de cuidar muito bem de seus clientes, preservando um ambiente de alegria, amor, paz, excelência e muita colaboração.

Existem os colaboradores internos, que são os funcionários, e também os colaboradores externos, os parceiros. O sucesso de um negócio precisa do apoio e participação de ambos.

Parceria é o melhor modelo de colaboração.

Assim como o governo precisa da participação da iniciativa privada para realizar suas metas, toda empresa e pessoa também necessita de boas parcerias para realizar seus objetivos.

No início da escola, além da administração e corpo docente, tínhamos equipe de limpeza, equipe de manutenção, equipe de segurança e equipe de alimentação. Rapidamente percebemos que, além de um negócio de educação, tínhamos uma empresa de limpeza, uma empresa de manutenção, uma empresa de segurança e um restaurante que preparava diariamente de 100 a 200 refeições.

Decidimos então terceirizar todos esses serviços. Oferecemos para os colaboradores que trabalhavam nessas áreas a oportunidade de se profissionalizarem e abrirem suas empresas. Todos fizeram isso, e hoje têm suas próprias empresas, com funcionários, e são nossos principais parceiros. Dessa maneira, todos contribuem com o seu melhor, e a escola também mantém o seu *"core business"* (essência do negócio) que é a educação.

Mário Kaschel Simões

Essa será a grande tendência do futuro. Menos colaboradores e mais colaboração por meio de parcerias.

O livro que você está lendo é um lindo exemplo de colaboração de mais de 20 profissionais que se uniram, inspirados pela visão do nosso amigo em comum, Raphael Saddy. E o resultado, uma nova obra literária extraordinária, em que cada um colaborou com o seu melhor!

Qual é o foco principal do seu negócio? Quais áreas de atuação você poderia terceirizar para outros parceiros?

Colaboração na família

A família também é uma "mini-empresa" que depende da colaboração entre seus integrantes para garantir o seu bom funcionamento. Quando o casal inicia seu casamento, cada um tem um papel distinto. Quando os filhos chegam, novos papéis são adicionados a cada um. Por exemplo, quando nossos filhos eram bebês e choravam, eu era do departamento de transporte e minha esposa da alimentação. Eu levantava, levava o bebê até ela e voltava a dormir. Depois que o tanque do pequeno estava cheio, recebia um cutucão e reassumia minhas funções de transportar o bebê satisfeito até o seu berço esplêndido.

Quando os filhos crescem, os pais se transformam em chefes e os filhos em funcionários. A hierarquia de responsabilidades sempre vai existir, porém, à medida que os filhos ficam mais velhos, devem se tornar parceiros atuantes, que colaboram com todos para o bem-estar da casa.

De que maneira você pode colaborar melhor para o bom andamento e ambiente da sua família? Existe a possibilidade de você andar uma milha extra a favor de um membro da família? Então faça isso e veja a diferença.

Colaboração social

Semana passada, me reencontrei em Orlando, na Flórida, com amigos que conhecemos há quase 30 anos, enquanto morávamos em San Juan, Porto Rico. Havíamos trabalhado juntos em uma ação social para alcançar jovens chamada "Encuentro" (encontro).

Depois que Priscila e eu nos casamos em Dallas, TX, aceitamos um desafio e nos mudamos a Porto Rico para expandir um negócio no Caribe. Depois de um ano desenvolvendo o projeto, descobrimos que havia uma grande necessidade na ilha para ajudar os jovens a não se afundarem no mundo da violência, bebidas e drogas.

Portanto, decidimos iniciar um movimento social que atuasse na área preventiva e não remediativa. Porém, como éramos de fora, com certeza precisaríamos da ajuda e colaboração de outras pessoas nativas que acreditassem no projeto.

ENGAGE for Business

Conversamos com vários e finalmente encontramos um grupo de jovens universitários e algumas famílias que decidiram se engajar conosco nessa obra. Montamos um grupo musical, alugamos um salão às segundas-feiras à noite, distribuímos folhetos, e convidamos o maior número de jovens que conhecíamos. A programação teria música, dinâmicas e minipalestras de orientação e motivação.

Na primeira reunião, tínhamos 30 pessoas. Metade era de voluntários e a outra metade, jovens convidados. Na semana seguinte 45, na outra 50, e assim por diante.

Tivemos que mudar de lugar 3 vezes, até que chegamos a um ginásio coberto de uma escola em apenas um ano. Passamos a reunir de 1.000 a 1.500 jovens semanalmente, todas as segundas.

Pessoas começaram a fretar "guaguas" (vans) e ônibus de várias partes da ilha para participarem desses "shows-palestra".

Milhares de jovens vieram ao "Encuentro" ouvir salsa, merengue, *rap, rock*, e uma palavra de encorajamento, fé, esperança e inspiração.

Três desses universitários que fizeram parte dos voluntários, que colaboraram desde o princípio, estavam no jantar que tivemos em Orlando. Nosso "re-encuentro" foi emocionante. Todos estávamos mais velhos, casados, com filhos na idade que tínhamos quando nos conhecemos.

Durante o jantar, perguntei a eles: "O que marcou a sua vida na época do 'Encuentro'?". Sem exceção, todos compartilharem a mesma coisa: "Pela primeira vez na vida tive a oportunidade de pertencer a um grupo tão especial. Era como se fôssemos uma família. Além disso, pudemos fazer algo em prol dos nossos irmãos jovens porto-riquenhos, que não tinham um espaço saudável para se divertir e ouvir uma palavra de orientação e esperança. Isso fez muito bem a eles, mas fez muito bem para nós também!".

Para coroar aquele momento emocionante, o Manny disse que queria compartilhar uma relíquia, uma das coisas mais valiosas que ele tem. Então levantou sua camisa e embaixo havia outra, uma camiseta que havíamos feito para o "Encuentro" há quase 30 anos.

A colaboração e a oportunidade

Até agora compartilhei sobre a importância da colaboração na realização de um sonho, projeto ou negócio. Porém, ela também pode ser o elemento catalizador na percepção e geração de oportunidades e um novo negócio.

Com base em fatos e experiências, escrevi o seguinte princípio:

Quando você ouve algo pela 1ª vez, é novidade.
Quando você ouve a mesma coisa uma 2ª vez, é possibilidade.
Quando você ouve a mesma coisa pela 3ª vez, é oportunidade!

Mário Kaschel Simões

Recentemente, antes de sair de viagem para dar palestras no Havaí para 60 líderes de países emergentes, uma colaboradora de nossa empresa me disse: "Minha filha mora nos EUA. Veja se nesta viagem você não descobre uma maneira de abrir uma unidade da EIPG lá nos Estados Unidos. Quero continuar trabalhando em nossa empresa, mas lá na terra do Tio Sam".

Aquelas palavras foram para mim uma novidade.

Dividi a viagem de ida em duas etapas. Primeiro fui de São Paulo a Orlando, onde passei 2 dias, e depois segui viagem até Maui, no Havaí.

Em Orlando, aproveitei para jantar com uma família de amigos que era da nossa escola em Atibaia, e que se mudou para os EUA o ano passado. Durante o jantar, a mãe de nossas ex-alunas contou que estava estudando inglês em uma escola de línguas em Orlando. Então disse: "Esta escola finge que ensina, e muitos alunos fingem que aprendem. Mário, por que você não abre uma extensão da sua escola aqui em Orlando? Serei sua primeira aluna e trarei muitos outros alunos para estudar lá, pois sei da qualidade da educação que vocês deram a nossas filhas!".

Aquelas palavras foram para mim uma possibilidade.

Na volta do Havaí, retornei a Orlando para lançar um livro e dar palestras e treinamentos a profissionais, empresários e líderes.

Depois de uma das palestras, fui almoçar com um líder destacado da comunidade brasileira da região. Durante o almoço, ele me disse: "A maior necessidade dos novos imigrantes que chegam em Orlando é aprender a falar inglês. Sem isso, suas possibilidades de crescer e prosperar nesta terra são mínimas. Você já pensou em abrir sua escola aqui? Se você o fizer, terei muitas pessoas para encaminhar!".

Aquelas palavras, ditas pela 3ª vez, por uma 3ª pessoa, foram para mim uma oportunidade.

Estou escrevendo este capítulo agora mesmo em Orlando. Já demos entrada na documentação para abrir uma extensão de nossa escola aqui no Estado da Flórida. Minha esposa – meu amor, sócia e parceira de vida – e eu já estamos elaborando o projeto de expansão da nossa empresa aqui na terra do Mickey e do Tio Sam.

Sou grato a todos os amigos acima mencionados por compartilharem suas necessidades e anseios. Eles não sabem o quanto colaboraram na geração desse novo empreendimento que, uma vez concretizado, irá colaborar para a realização dos sonhos deles e de milhares de outras famílias no futuro.

Sonhos e colaboração andam lado a lado, mas, quando se unem, transformam-se em sucesso!

ENGAGE for Business

Capítulo 18

Errando, aprendendo e tropicalizando

Um mineiro e um carioca separados por um oceano, um *software* britânico fora da realidade brasileira, e como esses ingredientes se juntaram para trazer inovação a clientes que nunca precisaram dela e hoje não vivem sem ela

Matheus de Paiva Torres

ENGAGE for Business

Matheus de Paiva Torres

CEO e fundador da Retina, empresa especialista em soluções de videoanálise baseadas em reconhecimento facial. Usando a tecnologia *facewatch* como plataforma integrada de *report* de eventos, procuramos oferecer uma solução moderna e acessível para um aspecto que é necessidade básica para nossa realidade atual: segurança. Somos responsáveis por todo o processo de tropicalização da solução, que havia sido desenvolvida para a realidade do Reino Unido, adaptando o *software* para que tenha *performance* idêntica em território brasileiro. Responsável pela operação e implementação da solução de reconhecimento facial, *facewatch*, em todo o Brasil, por meio de convênios com os órgãos de segurança pública de cada estado, além de cuidar do plano diretor para uso e disseminação da ferramenta em ambiente operacional, assim como suas regras de engajamento e processos.

Contatos
www.retinatec.com.br
LinkedIn: Matheus Torres
matheus@retinatec.com.br
+55 (21) 99566-8766

Matheus de Paiva Torres

No final de 2016, eu cuidava da parte administrativa dos negócios da minha família. Temos mais de 20 anos na área de prestação de serviços, mercado que é caracterizado por seus processos bem repetitivos e lineares no que tange à inovação ou tecnologia.

Sempre fui entusiasta de tecnologia e era o primeiro interessado no novo *igadget* a ser lançado todo ano. Por isso, quando recebi do meu pai o aviso de que teria que ajudá-lo numa *call* com um gringo londrino para falar de um *software* de segurança, logo me entusiasmei com a possibilidade de algo pelo menos novo e diferente do que via diariamente.

Na *call*, nada de britânico, mas sim um mineiro radicado há 20 na terra da rainha e que nem o sotaque tinha perdido ainda. Hoje meu sócio e amigo, e que na época me pareceu só mais um 'Professor Pardal', com uma tecnologia que nem ele mesmo parecia entender tanto como funcionava. Nós nos interessamos pela tecnologia, seu potencial e, como eu era o "jovem que entende de computadores", fui incumbido da missão de fazer o negócio funcionar, o que significava rodar uma câmera com esse tal *software* e ver se ele geraria algum resultado.

Como cuidava da parte administrativa, lidava com as questões de T.I. de todo o negócio, e nessa hora me lembrei de que, há alguns anos, durante uma conversa informal com o gerente da área, tínhamos discorrido sobre os problemas da empresa e terminado com os temas *data minning*, segurança da informação e avanços tecnológicos em geral. Isso me levou a ligar imediatamente os pontos: "Tenho um possível parceiro aqui para me ajudar a fazer esse *software* britânico começar a falar português". Mal sabia eu que ali começaria um processo que hoje, carinhosamente, chamamos de tropicalização, mas que à época estava mais para 'martirização'.

Duas pessoas estavam diretamente envolvidas nesse processo: uma delas tinha mais de 30 anos na área de T.I., e eu era apenas um administrador focado na área de serviços. Então, para mim, todos os assuntos relacionados a essa empreitada eram novos e nunca antes pensados. O modelo de negócio estava claro, o tamanho do mercado também, assim como seu potencial de crescimento. Porém, o executar não dependia de mim e sim de um constante relacionamento entre Brasil e Reino Unido, Humberto e Matheus, pão de queijo e mate com limão.

ENGAGE for Business

Todo o trabalho era feito a quatro mãos. Todos os testes contavam com a participação de ambas as partes. Parece que dessa forma tudo se resolveria rapidamente, certo? Errado.

As diferenças culturais e, principalmente, de aplicação, quando falamos de um *software* de segurança pública, tornavam o diálogo difícil e repetitivo. Por um lado, porque a arquitetura da solução era difícil de se escalar na realidade brasileira e, por outro, porque a realidade brasileira lidava com um nível de violência, digamos, mais "elaborado" que o dia a dia de um policial médio britânico.

Com muito esforço conseguimos nosso primeiro cliente, e isso não se deu só pela documentação enviada por *e-mail*, mas por seis meses de trabalho ininterruptos, tentando provar que, depois de duas tentativas frustradas, reconhecimento facial era algo possível, barato e, acima de tudo, operacionalmente sólido. Nisso, dois fatores são primordiais quando se trata de tecnologias inovadoras:

1. Buscar um cliente que, principalmente, seja um patrocinador do projeto, alguém orientado para tecnologia e que tenha força para passar pela curva de aprendizado.

2. Ter maleabilidade para entender que um teste *alpha* vai gerar um produto *beta*, que vai ser diretamente influenciado pelo *feedback* do seu cliente cobaia.

Nosso primeiro prospecto começou como cliente e hoje se tornou nosso principal parceiro. E o mais incrível dessa relação é o fato de encontrarmos pessoas dispostas a tentar o novo estando diretamente envolvidas com um dia a dia tão repetitivo e estagnado como o mercado de segurança patrimonial. Essa ponte nos torna hoje referência pra eles, por termos primeiramente entregado uma solução que funciona e dá resultados. E, acima de tudo, termos acreditado que seria possível, mesmo com todos os prognósticos contra e desafios do cotidiano de um processo de tropicalização.

Passado esse primeiro desafio, inicia-se o segundo e maior de todos: escalar uma plataforma que não tinha mercado específico e que era confundida com produtos de videomonitoramento. Nesse momento, era imprescindível o relacionamento com os criadores do projeto e, principalmente, com o mineiro londrino, que do outro lado do Atlântico defendia o trabalho que vinha sendo feito no Brasil e pontuava as questões que divergiam entre a nossa realidade e a deles.

A partir daí, passei a conhecer e me relacionar diariamente com meu sócio que mora em Londres e que em alguns meses do ano vem ao Brasil. Nesse momento nada é mais importante do que a comunicação, porque de um lado tínhamos um carioca aprendendo a montar

Matheus de Paiva Torres

um negócio de tecnologia, de outro, um mineiro com *background* na área militar, bastante articulado na esfera de segurança pública, mas com menos domínio ainda de tecnologia.

Estávamos num ponto delicado. Depois de um ano de operação as coisas pareciam em estado letárgico, e por mais que fosse um mercado difícil, tínhamos poucos resultados expressivos. Decidimos mudar a direção técnica e investir na área comercial de forma pesada. Dentro dessa nova postura, e com novas iniciativas de *marketing*, o nome da empresa começou a ser mais notado e, com isso, novas oportunidades de parcerias apareceram.

Nisso, um dia, recebo a ligação de uma pessoa dizendo que leu nossa matéria no jornal e tinha interesse de indicar novos clientes, já que era da área e poderia contribuir. Por que não? Recebo uma pessoa que nunca vi antes, com um jornal dobrado, cheio de rabiscos, meu nome sublinhado, o nome da empresa, as principais informações destacadas... Espera aí, esse sujeito tem que trabalhar comigo!

Em pouco mais de um mês tínhamos um novo CTO. Hoje, além de termos crescido, nossos processos estão mais organizados e já temos uma nova ferramenta no mercado 100% desenvolvida organicamente pelo nosso time. E isso tudo por um artigo de jornal.

A partir do momento em que começamos a empreender com a Retina, ficou claro que estávamos entrando num território desconhecido, tanto para mim, o idealizador, quanto para a equipe. Temos profissionais de tecnologia sim, mas a solução em si requer um processo estruturado de venda, no qual, com raras exceções, não são necessários parceiros de implementação ou equipamentos para que o projeto seja entregue ao cliente. Por isso, novos parceiros corporativos também surgiram e demostraram a importância da colaboração entre instituições em prol de um novo projeto e de um benefício mútuo.

Vale destacar duas experiências que exemplificam como a falta de comunicação é extremamente nociva. No primeiro caso, estávamos com um projeto por implantar em um *shopping* do Rio de Janeiro e encontrávamos sérios problemas na etapa final do cliente, na câmera em si. Fora isso, toda a parte de cabeamento estava bem estruturada. O impasse ocorreu porque a instalação não era nossa e não poderíamos trabalhar sem a cooperação dos responsáveis por toda a instalação de câmeras. Na época, o primeiro *feedback* que tive foi negativo:

— Os caras não querem cooperar, Matheus.

— Mas, por quê?

— Porque estão achando que a gente vai trocar o sistema deles pelo nosso.

— Mas alguém explicou para eles que são coisas complementares?

— Não.

ENGAGE for Business

— Pois então eu vou.

Alguns dias depois estávamos tomando café juntos, eu e os donos da empresa que tanto nos dava problemas, e em algumas horas definimos a dificuldade: comunicação.

Bastou uma reunião para explicar o que seria feito e como eles eram essenciais para nos ajudar a entregar o projeto que dias depois foi concluído com sucesso, e que hoje é um dos muitos em que eles, como meus parceiros, ajudam-me a entregar. E, acima de tudo, via cooperação mútua, solidificaram uma parceria que beneficia ambos os negócios.

Em outro caso, o resultado não foi feliz para nós. Tudo pronto para o teste no cliente, câmera no lugar, base de teste cadastrada, sistema *on-line*, bastava começarmos a prova de conceito. Passa o primeiro cobaia. Sem alertas. O segundo. Sem alertas. O terceiro. Sem alertas. Passam os três novamente, sem alerta. Tentamos reiniciar o sistema remotamente. Nada. Mas ontem estava tudo ligado! Impossível!

Infelizmente, perdemos essa concorrência. Após o ocorrido, meu técnico vai ao local para recolher o servidor e se depara com a tomada completamente desligada. Como?

Nesse momento, um dos vigilantes chega perto dele e diz:

— Olha, desculpa dizer, mas ontem um responsável da empresa de câmeras veio aqui e desligou o sistema de vocês.

— Mas, por quê?

— Disseram para eles que vocês estavam aqui pra trocar o sistema todo deles.

Em ambos os casos, a compreensão do que fazíamos estava difusa. Nós entregamos somente um *software* que usa câmeras, e isso abre a oportunidade para o integrador, o profissional de rede e cabeamento, o fornecedor de *Internet*, o fornecedor de equipamentos, o instalador. A culpa disso, em parte, pode ser a novidade por si só e a curva de aprendizado para educar o mercado e os próprios clientes que, muitas vezes, internamente, não vendiam a ideia para essa cadeia de fornecedores preexistentes. Mas, acima de tudo, era um problema de comunicação.

Hoje, parte do diagnóstico que fazemos é destacar quem foram ou são os responsáveis por toda infra local. E, de imediato, pedir os contatos para que entremos em comunicação direta ou para que o próprio cliente faça a intermediação da relação, trazendo todos para o projeto e, principalmente, unificando a comunicação durante o processo.

Vieram mais pessoas, outras saíram, mas dentro de todos esses cenários uma estrutura se matinha firme, a familiar. Meu outro sócio, desde o início, foi meu irmão, meu pai, foi quem me apresentou à tecnologia. Então, a cooperação sempre foi constante, mesmo que o discurso fosse dissonante.

Matheus de Paiva Torres

De um lado, um economista conservador até o tutano e não muito entusiasta da volatilidade constante do mercado de SaaS, do outro, um executivo de 30 anos na prestação de serviços que não fazia ideia do que era SaaS. Esses dois contrapontos contribuíram para que o negócio estivesse em constante ajuste. Enquanto a experiência de um ajudava a prever erros e abrir novas frentes, a do outro puxava os 'pés das nuvens' e trazia foco ao que estava diante de nós. Essa dinâmica nem sempre funciona em empresas de família, mas no nosso caso, mesmo discordando, cada um sabia em que podia contribuir e hoje tenho certeza de que somos mais sólidos por isso.

O cenário do nosso País tem mudado bastante, novas práticas. Hoje, uma empresa ter missão, visão e principalmente valores, tem feito mais sentido. E o principal aprendizado diante disso tudo é que sem resiliência não se empreende no Brasil. Sem o hábito de se reinventar e tentar outra vez, todos seríamos CEOs de conceitos e idealizadores de projetos.

Cada vez mais se faz menos como especialista e se alcança muito pouco como catedrático de um tema. A multidisciplinaridade dos desafios de um mercado novo torna todos estagiários com currículo em formação. Há quase três anos, se você me perguntasse como se fazia uma aplicação de reconhecimento facial funcionar, eu não teria ideia de por onde começar. Hoje, depois de muito esforço, erros, acertos e, principalmente, parcerias e aprendizado mútuo, tenho certeza de que o que estamos fazendo é inovador e de grande valor para a sociedade em que vivemos e na qual queremos viver.

Durante o processo seletivo que fiz para o setor comercial da empresa, tinha o costume de dizer para cada candidato que eu não daria nota dez a nenhum deles. Não porque eles não tivessem um ótimo currículo ou experiência em vendas, mas porque nenhum tinha experiência em vender uma solução tão inovadora ou com um processo de venda tão estruturado. E que o que faltava da nota de cada um para o dez era responsabilidade direta minha, de educar, preparar e dar as ferramentas necessárias para que o discurso de cada um estivesse alinhado com o meu, de fundador.

E está aí, talvez, o maior desafio.

Como fundadores, nós temos um nível de envolvimento com o negócio sempre maior, e sob um espectro de fatores diferentes de nossos times. Isso vem com o peso do desafio de empreender, de tentar o novo, de se arriscar, e muitas vezes isso pode ser um fardo pesado se não conseguimos compartilhar essa visão com nossos pares e colaboradores. Cabe a nós imprimir em cada um deles um pouco disso, para que seja aplicado no dia a dia de cada um e possibilite que desempenhem cada vez melhor seus trabalhos.

ENGAGE for Business

Cada empresa tem sua missão, visão e valores, mas tenho aprendido que cada executivo que trabalha em conjunto deve também desenvolver missão, visão e valores para aqueles que estão ali diariamente se esforçando para alavancar o negócio. O processo de empreender depende dessas pessoas também e não há nada mais gratificante que ver alguém que começou como uma página em branco se tornar um livro completo, com início meio e fim, entendendo cada detalhe do negócio e sendo capaz de perpetuar o conhecimento para o próximo aprendiz.

ENGAGE for Business

Capítulo 19

WorldSkills São Paulo 2015: exemplo de colaboração e multiculturalismo internacional

A WorldSkills Competition é a maior competição mundial de educação profissional. Em 2015, de 11 a 16 de agosto, de forma inédita, aconteceu, pela primeira vez no Brasil e na América Latina, a sua 43ª edição. Foram 1.189 estudantes competidores, oriundos de 59 países e regiões, e mais de 259 mil visitantes nos quatro dias de competição. O maior dos objetivos foi cumprido: o Brasil terminou em primeiro lugar!

Paulo Pandjiarjian

ENGAGE for Business

Paulo Pandjiarjian

Profissional com mais de 25 anos de experiência; Pós-graduação em gestão empresarial pela Fundação Instituto de Administração. Formado e especializado em jornalismo, fluente em inglês e com bons conhecimentos em espanhol. Vem desenvolvendo suas expertises em relações institucionais e governamentais e comunicação corporativa – interna e externa – em áreas como vendas e *marketing*; varejo; educação profissional; comércio exterior; veículos de comunicação e *executive search*. Participou do projeto internacional, com presença de mais de 60 países, desenvolvendo uma visão abrangente de multiculturalismo. Possui bom trânsito nas esferas de governo, em todos os seus níveis – federal, estadual e municipal. Liderou e motivou equipes a se comprometerem com resultados, elegendo competência e ética como lemas. Cerimonialista, conhece bem os desafios do protocolo governamental.

Contatos
www.panbrasil.com.br
paulopand@gmail.com
LinkedIn: Paulo Pandjiarjian
(11) 99609-9843

Paulo Pandjiarjian

Início de tudo

Um dos projetos mais interessantes de que já participei em minha carreira foi a WorldSkills São Paulo 2015, a maior competição mundial de educação profissional, e que deixou um exemplo único de colaboração e multiculturalismo, em nível mundial.

Durante o processo seletivo, que foi liderado por quem seria o meu gestor imediato à época, ele soube reconhecer minhas fortalezas e me escolheu para liderar a área de relações institucionais e governamentais, parte integrante do comitê operacional, ligado diretamente ao comitê executivo do evento.

Curiosamente, soube, ao longo do tempo, que nenhum outro comitê executivo, em nenhuma outra competição mundial, trazia essa função de relações institucionais e governamentais, que foi tão útil e determinante num país como o Brasil, em que o relacionamento é uma imprescindível ferramenta de sucesso, ainda mais em ambientes ligados às esferas de governo, nos âmbitos federal, estadual e municipal.

WorldSkills

Realizada a cada dois anos, a WorldSkills Competition é a maior competição de educação profissional do mundo.

Em 2015, a WorldSkills Competition foi realizada pela primeira vez na América Latina. Naquela que foi a sua 43ª edição, São Paulo recebeu 1.189 competidores, de 59 países e regiões, e mais de 259.000 visitantes nos quatro dias de competição.

E o maior dos objetivos foi cumprido: o Brasil terminou a competição mundial em primeiro lugar!

Ambiente

A WorldSkills, com uma sede administrativa na Holanda, tem um presidente mundial com origem na Inglaterra.

O CEO – Chief Executive Officer – da diretoria executiva tem origem na Austrália. O diretor de parcerias e patrocínios tem origem na Alemanha.

A diretoria de comunicação, *marketing* e eventos especiais, à época, tinha origem no Canadá. O desenvolvedor de sistemas de

ENGAGE for Business

informação sênior tinha origem na Finlândia. E se seguiram outros exemplos de funções com outras nacionalidades. Se a WorldSkills pode ser considerada uma Mini-ONU, o seu comitê organizador pode ser considerado uma Micro-ONU.

Esse grupo internacional, que periodicamente vinha ao Brasil, se relacionava – e precisava fazê-lo da forma mais harmoniosa possível – com o presidente da CNI – Confederação Nacional da Indústria; com o diretor geral do SENAI – Serviço Nacional de Aprendizagem Industrial, e com os CEOs do comitê executivo local.

Além disso, os representantes internacionais da WorldSkills – especialmente o Presidente e o CEO – eram quase sempre ciceroneados por mim e levados a conhecer e se reunir com autoridades de todos os naipes, em todos os níveis, como Presidente da República, Ministros, Senadores, Deputados Federais, Governador, Prefeito, Vereadores e outras autoridades ligadas à área da educação, como Secretários.

Nesse quesito, foi importante a relação de confiança que criei com o presidente e o CEO, que tinham muita dificuldade em entender os obstáculos políticos que o comitê executivo enfrentava para conseguir atingir seus objetivos, cenário que não se enfrentava em outros países que já haviam recebido a competição.

Só mencionarei aqui no livro e em mais nenhum outro veículo, que a construção desse relacionamento profícuo e frutífero contou com muitos almoços na renomada churrascaria Fogo de Chão, onde as conversas foram acompanhadas da degustação de diversas caipirinhas!

E esse entendimento foi tão positivo que mantenho relacionamento com ambos até o presente. Inclusive, o CEO assina uma importante carta de referência a respeito do trabalho que realizei à época.

One School One Country

Um dos programas mais interessantes no âmbito do evento foi o intitulado One School One Country. Era um programa que unia cada país participante com uma escola brasileira – estadual, municipal e particular.

A secretaria estadual de educação indicou as escolas estaduais, a municipal indicou as municipais. E o Sindicato das Escolas Particulares indicou as escolas particulares que podiam ser procuradas para a parceria.

Quando olhei a lista das escolas particulares, vi o nome da escola em que o meu filho – então com 11 anos – estudava. Sabia que eles eram favoráveis a projetos de vanguarda e ofereci a parceria à diretoria, que aceitou de pronto.

Até aí, nenhum nepotismo, por conta da minha participação no Comitê Organizador. Mas quando me dei conta de que a Armênia – país dos meus antepassados – ia participar, sugeri à escola do meu filho que recebesse a delegação da Armênia, já que tanto escola quanto delegação tinham tamanho reduzido.

156

Paulo Pandjiarjian

E foi aí que o meu filho me surpreendeu. Ele me disse que queria aprender a língua armênia, para ler um texto na recepção da delegação da Armênia na escola dele.

E assim fizemos, estudando armênio na Igreja Armênia, todos os sábados, durante seis meses, para que ele, com todo sucesso, lesse em armênio um texto de boas-vindas! A comitiva da delegação da Armênia ficou absolutamente admirada e feliz com a recepção.

Planejamento

A Coordenação de Relações Institucionais e Governamentais tinha como objetivo fazer a interface entre o comitê organizador da WorldSkills São Paulo 2015 e as instituições e órgãos governamentais relevantes para a construção da competição.

Como *head* da área, liderei as atividades do Grupo de Trabalho Interministerial, do Comitê Interinstitucional e, em conjunto com a Polícia Militar do Estado de São Paulo, o Centro de Coordenação de Operações.

Além disso, tive a missão de ampliar a visibilidade do evento, por meio de ações como: o lançamento do Selo Comemorativo e da Medalha Comemorativa WorldSkills São Paulo 2015, e a instituição do Dia da Educação Profissional em São Paulo.

Cabe destacar, ainda, o papel fundamental de apoio à organização do Seminário Internacional de Ministros, em estreita colaboração com a coordenação de eventos especiais e cerimônias.

Grupo de trabalho interministerial (Governo Federal)

Sob a coordenação da Casa Civil da Presidência da República, criou-se o Grupo de Trabalho Interministerial, com a participação do Ministério da Educação; Ministério do Trabalho e Emprego; Ministério da Fazenda; Ministério da Justiça; Ministério das Relações Exteriores; Ministério da Ciência, Tecnologia e Inovação; Ministério do Desenvolvimento, Indústria e Comércio Exterior e a Secretaria de Comunicação Social da Presidência da República.

Nesse quesito, destaco três importantes contribuições que pude dar à competição. Numa delas, consegui que o Ministério das Relações Exteriores (MRE) aceitasse que os competidores americanos fizessem o processo de visto em apenas um Consulado Brasileiro nos Estados Unidos.

O normal é que se fizesse no Consulado mais próximo da residência dos competidores, espalhados por todo o país, de dimensões continentais.

Um outro assunto foi resolvido de forma bastante curiosa. Os competidores de Zâmbia não conseguiram obter seus vistos a tempo,

ENGAGE for Business

na Embaixada Brasileira naquele país. Consegui, também com o MRE, que eles o fizessem na Embaixada Brasileira do vizinho Zimbábue.

Além disso, numa das competições – Mecânica de Aeronaves – precisávamos de oito turbinas de avião, para que aquela competição pudesse ser realizada. Consegui, junto à aeronáutica, que fossem emprestadas as oito turbinas, que vieram em carretas pela Via Dutra desde o Campo dos Afonsos, no Rio de Janeiro.

Esses são exemplos concretos de colaboração entre instâncias governamentais – sempre representadas por pessoas – e que tiveram êxito em função do convencimento da importância do evento para o desenvolvimento da educação profissional no Brasil.

Resultados

Selo Comemorativo

Com o intuito de divulgar a WorldSkills São Paulo 2015, uma das iniciativas foi incluir a institucionalização e produção de um selo postal que se referisse a essa edição da competição no Programa Anual de Selos Comemorativos dos Correios, do Ministério das Comunicações.

Foram produzidos 600 mil exemplares, com validade de três anos e valor de face de R$ 3,15, com circulação nacional. O lançamento do Selo Comemorativo aconteceu durante a CPW – Semana de Preparação da Competição, em fevereiro de 2015, em São Paulo.

Mais uma ação planejada por mim e que foi inédita em toda a história da Competição, que remonta aos anos 50 do século passado.

Aqui, vale a pena mencionar um misto de relacionamento e sorte. Pelos canais normais, a candidatura do Selo Comemorativo da WorldSkills não recebeu aprovação. Mas, um pouco antes do resultado, em uma reunião com a Chefe de Gabinete do Ministro das Comunicações, descobrimos que o próprio Ministro, de forma legal, poderia indicar um Selo Comemorativo a ser produzido pelos Correios.

E assim foi. Mais uma vitória do relacionamento. E é importante lembrar que relacionamento se dá sempre entre pessoas.

Paulo Pandjiarjian

Medalha Comemorativa

A Medalha Comemorativa WorldSkills São Paulo 2015 – Competição Mundial de Educação Profissional, cunhada pela Casa da Moeda do Brasil e lançada no dia 12 de agosto de 2015, com descaracterização do cunho original, deixou um lote único de 315 medalhas produzidas.

Aqui, uma escolha estratégica auxiliou o sucesso da ação. Quando procurei a Casa da Moeda do Brasil, no Rio de Janeiro, aprendi que tínhamos dois caminhos possíveis de serem escolhidos: a manufatura de uma Moeda Comemorativa ou Medalha Comemorativa.

A diferença era que a Moeda Comemorativa precisava de autorização do Ministério da Fazenda e iria competir com outras moedas especiais que estavam sendo preparadas por ocasião das Olimpíadas do Rio de Janeiro em 2016.

A Medalha Comemorativa dependia somente do aval da Casa da Moeda do Brasil. Foi por esse caminho que decidi e o resto é história, já que cada Delegado-Chefe de cada país que participou da competição recebeu uma Medalha, aliás, também uma ação inédita em toda a história da competição.

Seminário Internacional de Ministros

Em dezembro de 2014, o comitê organizador, em conjunto com o Ministério da Educação, preparou e enviou comunicados para os outros Ministros de Educação do resto do mundo, convidando-os a participar do Seminário Internacional de Educação. Além dos Ministros da Educação, as Delegações indicaram Ministros de outras pastas a serem convidados.

Cabe ressaltar que todos os Ministros participantes permaneceram na Competição até o final do evento, quando foi assinada uma carta aberta em prol da educação profissional, na qual os países participantes assumiam compromissos relacionados ao incentivo, apoio e promoção de práticas educacionais mais eficientes.

Uma história de bastidor aqui faz sentido. Ninguém na equipe internacional acreditava que o Fórum de Ministros fosse realmente acontecer. Isso porque tivemos a troca de três ministros da Educação

ENGAGE for Business

durante os dois anos de planejamento do evento. Mas, a minha crença no projeto, resiliência frente às adversidades e, principalmente, ter mantido uma rede de apoio no segundo escalão do Ministério da Educação foram cruciais para que esse encontro ocorresse com sucesso.

Sempre é bom contar com um pouco de sorte: o terceiro Ministro da Educação era amigo de uma de minhas irmãs; ficou muito feliz em saber que eu era um dos líderes do projeto e não só apoiou o que já tínhamos combinado, como transferiu o seu Gabinete para o evento durante os quatro dias, onde despachou normal e ativamente.

Ensinamentos

Os principais ensinamentos que restaram de tão rica experiência internacional foram a forma colaborativa com que todos os interlocutores – nacionais e internacionais – tiveram de trabalhar harmoniosamente, vencendo barreiras de língua, cultura e ambiente de negócios.

Um outro rico ensinamento, fruto de muita humildade e entendimento entre os colaboradores, foi o caráter matricial da organização do evento. Era comum que o líder de algum comitê (segurança, por exemplo), no âmbito do evento, estivesse hierarquicamente acima de seus superiores no organograma original de suas organizações.

Destaco aqui o fato de que, por trás de títulos e posições dos envolvidos, todos eram seres humanos, ricos em suas histórias e, especialmente, na diversidade de cultura e posicionamentos. E foi desse "caldo de cultura" que nasceu a verdadeira colaboração, para que todos superassem os obstáculos e entregassem um ao outro o melhor de si.

E a maior colaboração que pude dar ao projeto foi justamente servir como *liaison* entre todos, permitindo acomodar ideias, entendimentos e realizações mútuas que, ao final, atingiram 100% dos objetivos propostos.

Todo o relacionamento criado e cultivado pode nos levar a um patamar ainda mais auspicioso. Recentemente, junto a empresário armênio, com cidadania brasileira, estou desenvolvendo um projeto para implementar uma Escola SENAI na Armênia.

Várias visitas foram feitas às Escolas SENAI modelo aqui em São Paulo e o tema já foi debatido com o Fundo Armênia – fundo mundial armênio com representações em diversos países, inclusive no Brasil – e a Cônsul Honorária da Armênia em São Paulo.

Também com o conhecimento e apoio da WorldSkills internacional, quem sabe conseguiremos plantar e deixar mais esse legado da educação profissional, assim tendo sempre uma bandeira brasileira hasteada em solo armênio, de forma permanente!

ENGAGE for Business

Capítulo 20

Revendo minhas crenças

Uma experiência de quatorze meses atravessando uma das mais longínquas crises econômicas já enfrentadas pelo País. Uma jornada de entendimento, autoconhecimento e desenvolvimento. Revendo minhas crenças, revigorando antigas e construindo novas e sólidas conexões que me permitiram novos projetos e muito aprendizado

Pedro Cortonesi

ENGAGE for Business

Pedro Cortonesi

Pedro Cortonesi é mestre em administração de empresas na área de gestão da inovação pelo Centro Universitário da FEI (2016), pós-graduado em *marketing* pela Universidade Anhembi Morumbi (1994) e engenheiro eletricista pela FEI (1984). Possui larga experiência em *marketing* e vendas no Brasil e no Exterior, adquirida por meio da sua atuação em grandes companhias multinacionais. Seu desempenho no segmento de O&G fez com que se especializasse em empreendimentos na área de Petróleo pelo IBP (2013). Atuou em 2016 na área de consultoria, tendo completado nesse ano o curso para conselheiro de Administração pelo IBGC. Pedro Cortonesi trabalha também como professor de estratégia e inteligência de mercado em cursos de MBA em escolas de negócios. Em 2018, foi coautor do livro *Inovação em mercados emergentes*, editado pela Editora Senac-SP.

Contatos
www.thinkingbusiness.com.br
LinkedIn: Pedro Cortonesi
pedrocortonesi@gmail.com
(11) 99741-1961

Pedro Cortonesi

A notícia

Aquele mês de setembro de 2015 deveria ser como tantos outros, o encerramento de mais um trimestre. Porém, com um pequeno detalhe, seria também o meu último na empresa, fechando um ciclo de 21 anos.

Li recentemente o livro *"A lógica do cisne negro – O impacto do altamente improvável"*, escrito por Nassin Nicholas Taleb. A obra nos faz refletir sobre como, em geral, negligenciamos o improvável e, em determinadas situações, nos apegamos simplesmente ao fato de já termos lidado tantas vezes com uma situação que não vemos a possibilidade de que, dessa vez, as coisas saiam um pouco ou muito diferentes das anteriores.

"Antes da descoberta da Austrália, as pessoas do Mundo Antigo estavam convencidas de que todos os cisnes eram brancos. Esta era uma crença inquestionável, por ser absolutamente confirmada por evidências empíricas." Abre assim Nissin Nicholas Taleb o prólogo do seu livro. Em um outro capítulo, ele nos oferece ludicamente o exemplo do peru que é alimentado diariamente por seu dono, que parece ser seu amigo, até que na quarta-feira que antecede o Dia de Ações de Graças nos Estados Unidos algo inesperado acontecerá ao peru. Ele estará sujeito a uma revisão de suas crenças.

Bem, definitivamente, aquele setembro de 2015 me fez rever minhas crenças!

A crise

Dependendo de quando você estiver lendo este capítulo, falar dos anos de uma das maiores recessões de todos os tempos no Brasil e que se aprofundou a partir da reeleição de Dilma Rousseff em 2014, pode ser "mais do mesmo". Mas, diferentemente de tantas outras crises e recessões que eu já havia enfrentado durante a minha carreira, essa me fez enxergar esses ciclos por uma perspectiva totalmente diferente. Dessa vez, eu estava do outro lado da mesa.

Uma combinação de fatores fez com que essa crise se aprofundasse de uma forma muito intensa. Se o Brasil surfou em anos anteriores graças às exportações das *commodities*, principalmente minério de ferro e

ENGAGE for Business

petróleo, e sonhou alto com a descoberta das reservas de petróleo do pré-sal, a realidade em 2014 e 2015 mudou de forma vertiginosa, com a queda dos preços internacionais. Para complicar mais ainda esse cenário, que por si só já era preocupante, no Brasil, os principais *players* do mercado estavam envolvidos em um dos maiores escândalos de corrupção internacional (A Operação Lava Jato)[1], afetando de forma direta as grandes construtoras do País, que ao longo dos últimos anos haviam criado as suas divisões especializadas em Óleo & Gás.

O prof. doutor Fernando de Holanda Barbosa Filho[2], em seu artigo "A crise econômica de 2014/2017", nos descreve em detalhes os equívocos cometidos pelo governo a partir de 2011/2012, e conclui ele: "A crise de 2014/2017 da economia brasileira teve como origem uma série de choques de oferta e demanda, na maior parte ocasionados por erros de políticas públicas, que reduziram a capacidade de crescimento da economia brasileira e geraram um custo fiscal elevado".

Com esse cenário, os grandes investimentos capitaneados por Vale e Petrobras, e que haviam movimentado pelos últimos anos grande parte a indústria de bens de capital no Brasil, simplesmente desapareceram, embora ainda figurassem em alguns planos estratégicos das companhias.

Para piorar ainda mais as coisas, passamos pela instabilidade política gerada pelo processo de *impeachment* de Dilma Rousseff, acusada por suas "pedaladas fiscais"[3]. O processo que se iniciou em dezembro de 2015 é concluído em agosto de 2016, trazendo durante todo esse período ainda maiores incertezas e paralisação econômica.

Com a redução drástica dos investimentos, tanto no segmento de O&G, quanto de mineração e infraestrutura, as encomendas de máquinas e equipamentos também foram duramente afetadas, gerando uma necessidade urgente das empresas readequarem seus custos fixos, o que incluiu despesas com pessoal. Numa primeira onda, as demissões afetaram a mão de obra diretamente ligada à produção. Mas como a crise tendia a se prolongar, as demissões atingiram todos os níveis hierárquicos.

---

1 "A Operação Lava Jato é um conjunto de investigações conduzidas pela Polícia Federal do Brasil, que cumpriu até final de 2018 mais de mil mandados de busca e apreensão, de prisão temporária, de prisão preventiva e de condução coercitiva, visando apurar um esquema de lavagem de dinheiro que movimentou bilhões de reais em propina." – "Investiga crimes de corrupção ativa e passiva, gestão fraudulenta, lavagem de dinheiro, organização criminosa, obstrução da Justiça, operação fraudulenta de câmbio e recebimento de vantagem indevida (fonte: Wikipédia)

2 Fernando de Holanda Barbosa Filho possui graduação em Economia pela Universidade Federal do Rio de Janeiro (1998), mestrado em Economia pela Escola de Pós-Graduação em Economia (2001) e doutorado em Economia - New York University (2005). Atualmente é pesquisador do Centro de Crescimento Econômico do Instituto Brasileiro de Economia (CCE/ IBRE-FGV) e professor da Fundação Getulio Vargas.

3 "Pedaladas Fiscais" são manobras contábeis que envolveriam o uso de recursos de bancos federais para maquiar o orçamento federal.

Pedro Cortonesi

A taxa de desemprego, que em 2014 era de pouco mais de 6%, eleva-se ao recorde de 13,7% em 2017, representando 14 milhões de pessoas.

O dia seguinte

A empresa me concedeu o benefício de um *outplacement* por seis meses. *Outplacements* são empresas especializadas na ajuda para a recolocação de profissionais em transição de carreira (essa expressão eu aprendi no próprio *outplacement*, que é uma forma *nice* de dizer que você de fato está desempregado).

Apesar das minhas críticas ao modelo de ajuda proposto por essas empresas, não posso negar o fato de que ter um endereço para ir todos os dias durante o horário comercial me ajudou muito. Talvez esse seja um dos reais benefícios dessas empresas.

A verdade é que, em 31 anos de carreira, eu nunca havia procurado emprego. Minhas mudanças de empresas ou foram por convites ou por aquisições da própria empresa onde eu já estava. Portanto, embora tivesse um *curriculum vitae*, nunca havia de fato necessitado dele.

As conexões

O *outplacement* também me fez refletir sobre as minhas conexões, meu *networking*. Se meu CV havia sido de certa forma negligenciado, porque eu não havia tido necessidade dele, minhas conexões e meus contatos não eram muito diferentes. Estava sempre demasiadamente ocupado com compromissos ligados à empresa para um café, um almoço ou até mesmo um *happy-hour* com os colegas de profissão.

Embora eu já tivesse um LinkedIn até que razoavelmente atualizado e com um número grande de conexões, muitos que ali estavam eu já havia perdido o contato físico, não encontrava ou não conversava há muito tempo. Talvez com uns 10% dos que estavam lá, eu, de fato, ainda mantinha um relacionamento mais estreito, ou por necessidade dos negócios ou por amizade. Dei-me conta de que o mundo corporativo havia me absorvido de tal forma, que fez com que eu não tivesse tido o devido tempo com aquelas pessoas.

Durante a fase em que frequentei o *outplacement*, conheci muita gente. Aliás, era simplesmente absurda a quantidade de profissionais de alto nível (refiro-me principalmente às suas capacidades e experiências e não somente aos postos que ocuparam) que todas as segundas-feiras iniciavam o seu programa. Antigos concorrentes, clientes e até mesmo fornecedores. A melhor parte é que alguns deles não só pertencem à minha revigorada rede profissional, como também da minha seleta lista de amigos.

Por sorte, eu havia decidido fazer meu mestrado acadêmico já no início de 2015, e essa foi também uma ótima oportunidade de ver as coisas por um outro ângulo e de construir um novo e totalmente diferente *networking*.

ENGAGE for Business

Minha dissertação de mestrado tinha por objetivo estudar processos de inovação em subsidiárias de multinacionais ligadas ao setor de O&G. Depois do meu desligamento, fiquei um tanto preocupado em conseguir o acesso aos meus antigos clientes para desenvolver a minha pesquisa de campo, afinal, eu havia perdido o meu sobrenome corporativo. No entanto, foi uma grata surpresa a forma como fui tratado por todos eles e pela atenção dispensada a mim e ao meu trabalho. Isso me deu satisfação por saber que havia conquistado algo que transcendia a empresa que até pouco tempo atrás eu representava. Aquelas eram conexões sólidas.

A consultoria e a Escola de Negócios

Embora tenham sido apenas seis meses frequentando o *outplacement*, foi uma experiência bastante intensa. Os contatos ali feitos me proporcionaram conhecer pessoas e projetos. Como diziam os consultores do *outplacement* "emprego pode estar em baixa, mas se procurar trabalho, sempre vai encontrar". Com isso em mente, fui apresentado a dois executivos que haviam decidido montar uma consultoria baseada no conceito de rede. A teoria dos seis graus de separação (Stanley Milgran — psicólogo que testou de modo científico a teoria) diz que são necessários no máximo seis laços de amizade para que quaisquer duas pessoas estejam ligadas. A consultoria, portanto, tendo um expressivo número de executivos *C-Level* pertencendo à rede, teria a capacidade de acessar qualquer outro executivo, em qualquer outra empresa, para poder oferecer seus produtos.

Tive o prazer e a sorte de me associar a essa empresa, o que foi também uma rica experiência por me proporcionar conhecer um grande número de outros tantos profissionais talentosos de diferentes setores e especialidades, e de poder oferecer projetos de consultoria para empresas de diversos tamanhos e segmentos.

Da mesma forma, as aulas na Escola de Negócios vieram por meio de indicações (confesso que não sei quem me indicou, mas agradeço muito!) que, depois de quase um ano de aprendizado e dedicação, permitiram-me descobrir um local onde eu realmente me sinto muito à vontade e feliz, a sala de aula!

A lição

Uma das principais lições aprendidas em todo esse processo é a de que a qualidade das suas conexões é o que realmente importa. Não me refiro ao fato de você ter ou não no seu *networking* pessoas *C-Level*, refiro-me ao fato de que essas pessoas se sintam absolutamente confortáveis com você, para poderem recomendá-lo para um novo desafio, que pode ser tanto um trabalho formal, uma parceria, quanto um projeto de consultoria. Isso só se dá, de fato, com aquelas pessoas que puderam conhecer suas competências, capacidades e valores ao longo

Pedro Cortonesi

da sua carreira. Algumas podem ser suas amigas, outras foram colegas de trabalho, outras ainda, clientes ou fornecedores. Na verdade, ninguém indica ninguém que não conheça efetivamente.

Portanto, é a qualidade e não a quantidade o que realmente importa. A indicação de uma pessoa para uma posição ou projeto carrega uma alta dose de responsabilidade, e dificilmente você vai se arriscar por uma pessoa com quem nunca teve contato.

O seu melhor *networking* é o formado por aquelas pessoas com quem você interage e cria relacionamento profissional ou de amizade ao longo do tempo. O meu retorno a uma multinacional após 14 meses deu-se por alguém que eu havia contratado 20 anos atrás, e que construiu uma carreira de sucesso na sua empresa atual. Ao sugerir meu nome para a posição, ele tinha total consciência de que eu poderia resolver os problemas pelos quais a empresa passava, e tinha a certeza de que os meus valores pessoais e profissionais estariam alinhados, porque havíamos trabalhado juntos por muitos anos e nos conhecíamos bem. Isso lhe trouxe o conforto e a segurança para a indicação, reforçando minha posição de que o que importa de fato são as ligações sólidas dentro do seu *networking*.

Esta crise vai passar, sempre passa, mas a única certeza é a de que outras tantas virão e temos que estar preparados. Cultivar os nossos relacionamentos é o que podemos fazer de melhor, e em todos os momentos, quer estejamos empregados ou não. Sempre deve haver algum tempo na nossa agenda para fomentar esse nosso *networking*, porque, afinal de contas, o que há de mais divertido do que conhecer gente inteligente, capaz e realizadora?

Referências

ABACUS LIQUID. *Cotação do Minério de Ferro Futuro*. Disponível em: <https://abacusliquid.com/setores-economia/mercado-financeiro/minerio-de--ferro-hoje/>. Acesso em: 12 de jun. de 2019.

BARBOSA, FERNANDO DE HOLANDA. *A crise econômica de 2014/2017*. Print version ISSN 0103-4014. On-line version ISSN 1806, 2017.

EBC. *Brasil fecha 2015 com aumento no desemprego*. Disponível em: <http://agenciabrasil.ebc.com.br/economia/noticia/2015-12/brasil-fecha--2015-com-aumento-no-desemprego>. Acesso em: 12 de jun. de 2019.

TRADING ECONOMICS. *Brasil. Taxa de desemprego*. Disponível em: <https://pt.tradingeconomics.com/brazil/unemployment-rate>. Acesso em: 12 de jun. de 2019.

THE CUT. *The classic study that showed the world is smaller than you think*. Disponível em: <https://www.thecut.com/2018/03/the-history-of-the-six--degrees-of-separation-study.html>. Acesso em: 12 de jun. 2019.

TRADING VIEW. *CFDS em petróleo bruto (WTI)*. Disponível em:<https://br.tradingview.com/symbols/USOIL/?utm_campaign=chart&utm_medium=-widget&utm_source=www.investir-petroleo.pt&utm_term=TVC%3AUSOIL>. Acesso em: 12 de jun. de 2019.

ENGAGE for Business

Capítulo 21

A volta ao mercado após anos no mesmo trabalho

Como entrar com qualidade no mercado de trabalho depois de dezesseis anos em uma mesma empresa? O Rafael precisou reaprender a se conectar com profissionais e encontrar as próprias oportunidades para um novo emprego. Onde encontrar as pessoas certas para abrir boas portas no mercado de trabalho? Agora, ele sabe como e pode nos contar como foi sua experiência

Rafael Belardo Filho

ENGAGE for Business

Rafael Belardo Filho

Foi criado no ABC Paulista e se formou engenheiro de Controle e Automação na Escola de Engenharia Mauá, em 2006. Tornou-se, nos anos seguintes, profissional com mais de dezesseis anos de experiência nas áreas de *supply chain* e produção em empresas multinacionais do segmento industrial metalomecânico. Especialista em gerenciamento de negociações com alto nível de complexidade, envolvendo a gestão da cadeia de suprimentos para compra de materiais, tem forte atuação em processos de reorganização de estrutura, formação e treinamento de equipes, implementação de KPIs e procedimentos. Trouxe conhecimentos da Alemanha na implantação de sistemas na área de logística. Trabalhou na Grob, empresa alemã especializada em máquinas para a indústria brasileira e para a exportação. Hoje, é gerente de Compras e Planejamento na SIAC do Brasil, uma das principais fabricantes de cabines para máquinas de construção e agrícola, locomotivas e conjuntos soldados do mercado sul-americano.

Contatos
LinkedIn: Rafael Belardo Filho
r.belardo@yahoo.com.br
+55 (11) 98222-6388

Rafael Belardo Filho

Dezesseis anos de conhecimento adquiridos e trabalhados para a mesma empresa. É um tempo considerável. Foi moldado ali, e tudo o que tinha e precisava, sua empresa havia dado, menos como estar alinhado com o restante do mercado de trabalho. Depois desse tempo todo lá, em 2016, a crise veio, e sua área virou pó da noite para o dia. Reestruturação. Foi assim que chamaram. Ele perdeu emprego junto com mais uma meia dúzia de grandes profissionais. Passou pelo clássico processo de pegar suas coisas da gaveta e colocar em uma caixa, de ver a movimentação no andar e o silêncio incômodo de um dia normal de trabalho.

Saiu de lá com a sensação de dever cumprido, mas também com um vazio sem precedentes, com um agravante martelando na cabeça: o porquê não foi, ele, aproveitado para trabalhar em outra área, já que se dedicou tanto tempo ali, uma vida inteira. Ora, sabia falar alemão, tinha conhecimentos específicos na área, no produto, naquele mercado...

Mas agora não era mais necessário. Não naquele final de fevereiro. Neste recorte, Rafael era apenas um desempregado, parte da grande estatística daquele ano, um ex-funcionário da área de *supply chain*. Tudo o que ele tinha feito até ali parecia não fazer sentido algum. Naquele dia, da saída, ele era só o Rafael. No mundão. E ele era bem grande. Mas precisava ser enfrentado.

A primeira busca foi encontrar a base de tudo: como se procura emprego hoje, nos anos dez? "A gente imprime currículos ainda?", pensou, sentado no sofá da sala, com a camisa de trabalho instintivamente vestida e uma folha rabiscada na mão, com os passos que poderia dar daquele momento em diante.

Foi enchendo a folha de notas e perguntas. "As vagas ainda saem no jornal?". E começou se cadastrando nos sites de classificados e vagas de emprego. Preencheu seus dados, escolheu caminhos possíveis e, no fim, era ele e um computador em um apartamento escuro de fim de tarde. Não tinha nem um "boa sorte". Não que precisasse de agrado, mas a consequência foi bem apática. Chegavam umas vagas aleatórias e ruins, umas poucas seleções estranhas, que não avançavam. Nada concreto. Nenhuma chamada minimamente promissora. Os dias passando, novas semanas chegando, e avanço, quase nenhum. Seu antigo trabalho havia

ENGAGE for Business

dado uma pequena compensação junto com a dispensa: a consultoria com uma empresa de *outplacement*, uma espécie de RH para ajudá-lo a se recolocar no mercado. Na teoria, uma grande ajuda, alguém que pudesse guiá-lo por caminhos até então desconhecidos, mas, no fim das contas, as coisas por lá também andaram de modo mecânico, pragmático demais, meio distante, um trabalho feito por métodos frios e demasiadamente conhecidos no mercado.

E foi assim no primeiro mês. No segundo, também. Um convite para entrevista, dois papos por telefone, nada avançava. A rotina começando a pesar nas costas, os dias pareciam ter setenta horas. Assim, foi se sentido mal com a situação, com a recente falta de perspectivas.

E daí veio o baque. Caiu no colo dele uma vaga maravilhosa. Trabalharia nos Estados Unidos, em um cargo bom, com um salário ótimo, a viagem toda paga pela empresa para sua mudança. Parecia tudo bom demais para ser verdade. E assim foi. Três meses na expectativa, duas entrevistas por vídeo em inglês, em alemão, uma com o vice-presidente da companhia, elogios, congratulações, esforços para fazer a retirada do visto de trabalho. De repente, o impasse com o governo americano, a burocracia, uma tentativa de realocá-lo, primeiramente para a sede na Alemanha, para depois encaixá-lo em outro tipo de visto para a América. Acabou que foram todos vencidos pelo cansaço e seria mais barato e menos trabalhoso simplesmente abandonar as tentativas e contratar alguém que já estivesse lá.

Toda a esperança escorrendo no ralo. Um trimestre de promessas e, mais ainda, todo esse tempo deixando de lado completamente qualquer estratégia de se recolocar, de ganhar visibilidade. Voltava, então, à estaca zero. Com mais uma grande frustração.

Como retomar depois disso?

O sentimento de derrota era completo, mas precisava se movimentar, carecia de ser retirado daquela inércia. Foi puxando pela memória situações que poderiam ajudá-lo. E apareceu alguém que tinha passado por algo parecido, que havia trabalhado na mesma corporação.

Marcou com ele, então, uma reunião.

Ao encontrá-lo, percebeu que o homem continuava comunicativo, expansivo, brincalhão, como na época em que estavam na mesma empresa, mas agora era um senhor de sessenta e tantos e exibindo uma cabeleira toda branca, de cima a baixo. Tomaram um café e riram, até finalmente começarem a falar de coisa séria. "Sabe como você vai entrar de novo no mercado de trabalho? Procurando as vagas ocultas que existem por aí". O amigo continuou a explicar que, mais do que olhar as vagas disponíveis em sites, ele precisaria conversar com pessoas. Gerar "conexões afetivas". Ter acesso para falar com gente. Era assim, e, arrumando o corpo na cadeira, ele

Rafael Belardo Filho

começou a fazer uma analogia. "Sabe o vendedor que tenta vender bala no farol? Pois então. A cada dez, ele vende seu produto para nenhum desses veículos. Passa uma hora do dia, duas. Em algum momento, ele vai pegar alguém. Uma das pessoas paradas no trânsito vai olhar e puxar para dentro do vidro. E ele vai ter vendido um. Tentativa e erro. Em algum instante, alguém passa querendo comprar bala e vai adquirir dele. Daí a estratégia vai dar certo. No fim das contas, sua diária vende uma quantidade significativa para ele". Então, chegou mais perto. "E você só precisa que acertem uma vez os olhos em você". Ele queria dizer que uma chance abraçada e ele estaria empregado. Para isso, era necessário que passasse na rua dele uma quantidade significativa de carros com pessoas do mercado dentro.

Agora, como falar e atingir essas pessoas? Era preciso contar quem era o Rafael, o que ele já fez e porque seria, ele, o profissional certo para o que o mercado precisa. "Muitas vezes, eles não terão essa sua vaga. Mas conhecem quem tenha. E vão se lembrar de você". Ele foi para casa exultante, pensando no mundo completamente novo que surgira. Eram muitas lições que ele foi tomando nota antes de partir para a ação.

"Ter um cartão de visitas é fundamental. É como vão pescá-lo quando precisarem de você. Vai lá, tome um café com um deles. No final, você encaixa o pedido de deixar seu currículo com ele. Porém, se ao final do almoço ele pedir o seu currículo, isso vai valer muito mais, porque ele se interessou. E vai lembrar de você lá adiante".

Indo embora, depois de se despedir do colega, ele pensou: "Preciso de uma rede. Já foram dezesseis anos de profissão, e não conheço quase ninguém". Passou um período se culpando por ter deixado sua visão se fechar para o mercado de trabalho, por ter ficado, de certa forma, preguiçoso, sem ambição de ascender. Por ter um *network* limitado. Por não ter conhecido pessoas novas ou realizado conexões. Deu-se conta de como isso era essencial como a água neste conturbado momento de sua vida. Só que, mais que se lamentar, ele precisava agir. Era hora de sair da zona de conforto.

Em casa, lembrou-se que enquanto esperavam o táxi na despedida, o colega havia comentado de um livro que seria bem interessante que ele lesse. "Vê se funciona", aconselhou, no aperto de mão. Foi até a livraria e pegou uma versão de bolso. Era um livreto sobre dicas de como vender bem o peixe, como se exibir para o mercado. Passou os primeiros vinte minutos se sentindo um perfeito idiota lendo pitacos óbvios, uma estrutura meio brega na obra. Nada o fazia crer que estava avançando. Até que, lá pra frente, na dica quarenta e tanto, algo o interessou. Tratava-se de uma técnica de acumular contatos, de trazer pessoas para mais perto, de ter uma rede e de como fazer

ENGAGE for Business

para formar essa malha de gente interessante. Nesse capítulo, ele foi entendendo a importância de se aproximar e, mais ainda, de como fazer o *approach*. O livro dizia que ele poderia listar quem de fato teria o que ele precisava. Diretores, gerentes, gabaritados que cuidavam das vagas ou saberiam apontar onde estavam as oportunidades que poderiam empregá-lo. Depois da aproximação, seria o momento da troca: entrar em contato e, mais do que chamar para um encontro, pedir conselhos e orientações, propor permuta de conhecimentos, algo que fizesse sentido para o outro, que despertasse interesse no outro. Gerar uma conexão de longo prazo. Dessas sugestões ele conseguiria a tão desejada aproximação. Um café. Um almoço. Uma avenida cheia de veículos com gente que iria empregá-lo.

O grande segredo da técnica era conseguir trazer à tona o que há de mais empático nas pessoas. Elas se sentem bem, conectadas profissional e emocionalmente e passam a operar mais "boa vontade". Algo como chamar o diretor de *supply* de uma empresa por mensagem privada em uma rede social voltada para trabalho e carreira: "Olá meu amigo, a gente trabalha na mesma área e vi que você já fez um projeto voltado para máquinas, e eu também. Vamos tomar um café? Vamos trocar conselhos e informações? Acho que posso aprender muito com você".

Sentiu o ânimo instantaneamente, como se o ar que entrasse nos seus pulmões fosse mais fresco que há cinco minutos. Dava para botar isso em prática na mesma hora! Correu para o computador e, em semanas, percebeu seu o índice de aceitação subir quase 80%. Entrou, por indicação, em um grupo com empresários e entusiastas do empreendimento. Por meio de apenas uma conexão, conseguiu ingressar na plataforma ENGAGE for Business. Não sabia, no início, do que se tratava, mas ali estabeleceu para si conversar com pelo menos cinco pessoas durante os dias de semana, uma média de uma por dia. E dava certo! E eram pessoas que retornavam, que davam espaço e ouvidos. Profissionais que conheciam as vagas ou possuíam informações privilegiadas, que sabiam de informações do mercado que trariam vagas para ele.

Nos sete primeiros meses de desemprego, foram três processos e zero pessoas conhecidas. Com essa manobra e com a empolgação que estava, em três meses tinha mais de oitenta contatos no celular, tendo entregue cartão e currículo para mais da metade, e passado por nove processos seletivos. Em um deles, o último só poderia ter vindo nesse contexto. Desse grupo, ele conheceu um excelente profissional que lhe comentou, em um encontro entre os dois, que sua mulher trabalhava em uma empresa de *hunting*, que caçava talentos para cargos bons em grandes empresas. Disse isso meio por cima e,

Rafael Belardo Filho

como estavam nas banalidades, deixou passar. Coisa de um mês e lá estava ele seguindo sua planilha de nomes e vagas que surgiam no LinkedIn, quando bateu os olhos em uma interessante proposta, que era cuidada por uma empresa, e essa empresa ele conhecia, mas não se lembrava de onde. Pensou, forçou e veio a fagulha. O *flash*. Era a mesma empresa em que a esposa do profissional, do ENGAGER, que ele tinha conhecido, trabalhava. E era aquilo! Todo o trabalho que ele havia se dedicado, que montou e se debruçou sobre. Faltava a ação.

Ligou para o amigo da ENGAGE for Business, perguntou da vida e abriu o jogo. Disse que avistara uma vaga que era a cara dele, e que o processo estava sendo tocado pela empresa de *hunting* da esposa. E interpelou sobre a possibilidade de a mulher indicá-lo. O silêncio seguinte ao telefone foi um pouco apavorante, mas, enfim, o homem do outro lado suspirou e pediu um minuto. Voltou em seguida perguntando se ele teria restrições em trabalhar em outro estado, já que a vaga não seria em São Paulo, onde ele morava, mas no sul de Minas Gerais. Prontamente respondeu que não havia empecilho algum e ouviu a resposta: "Então, você já está concorrendo à vaga". O amigo finalizou, afirmando que a esposa o indicaria na manhã seguinte para o responsável por cuidar da vaga. E mal amanheceu o dia e ele recebeu a ligação. "Oi, sou responsável pela vaga e você foi indicado por uma pessoa muito competente aqui de dentro, e você tem o perfil ideal para ela. Vamos conversar?". BINGO! A conexão funcionou mais uma vez. A teoria aplicada na prática.

Dois meses depois, estava empregado novamente. É gerente de Compras e Planejamento de produção há um ano. Graças, mais do que à sorte de estar no lugar certo na hora certa, ao esforço que fez para se colocar em tais situações promissoras, e o empenho em trabalhar a aproximação com conexões emocionais, como sua entrada na plataforma ENGAGE for Business para se aproximar de outros profissionais. Há quem diga que sorte a gente não tem, a gente busca e, pelo menos neste recorte profissional, o que acabou acontecendo foi justamente a procura por demanda, a abertura de oportunidade feita com *networking*, o que possibilitou Rafael de estar onde estava no momento em que surgiu a oportunidade certa para que abrisse boas portas e, aí sim, com seus conhecimentos e seu *background* profissional, pudesse pleitear uma conversa que se tornaria, então, sua atual vaga de trabalho.